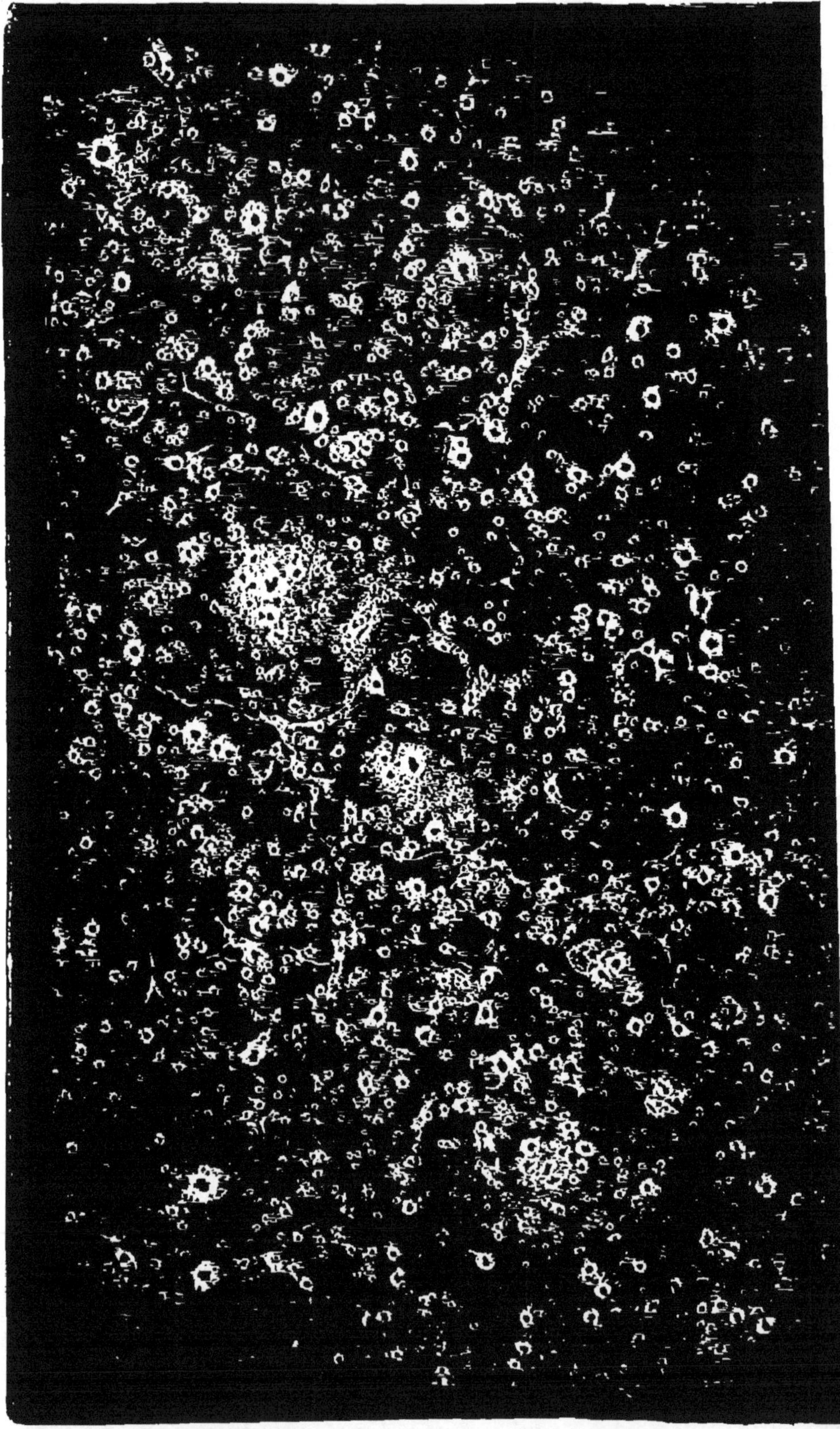

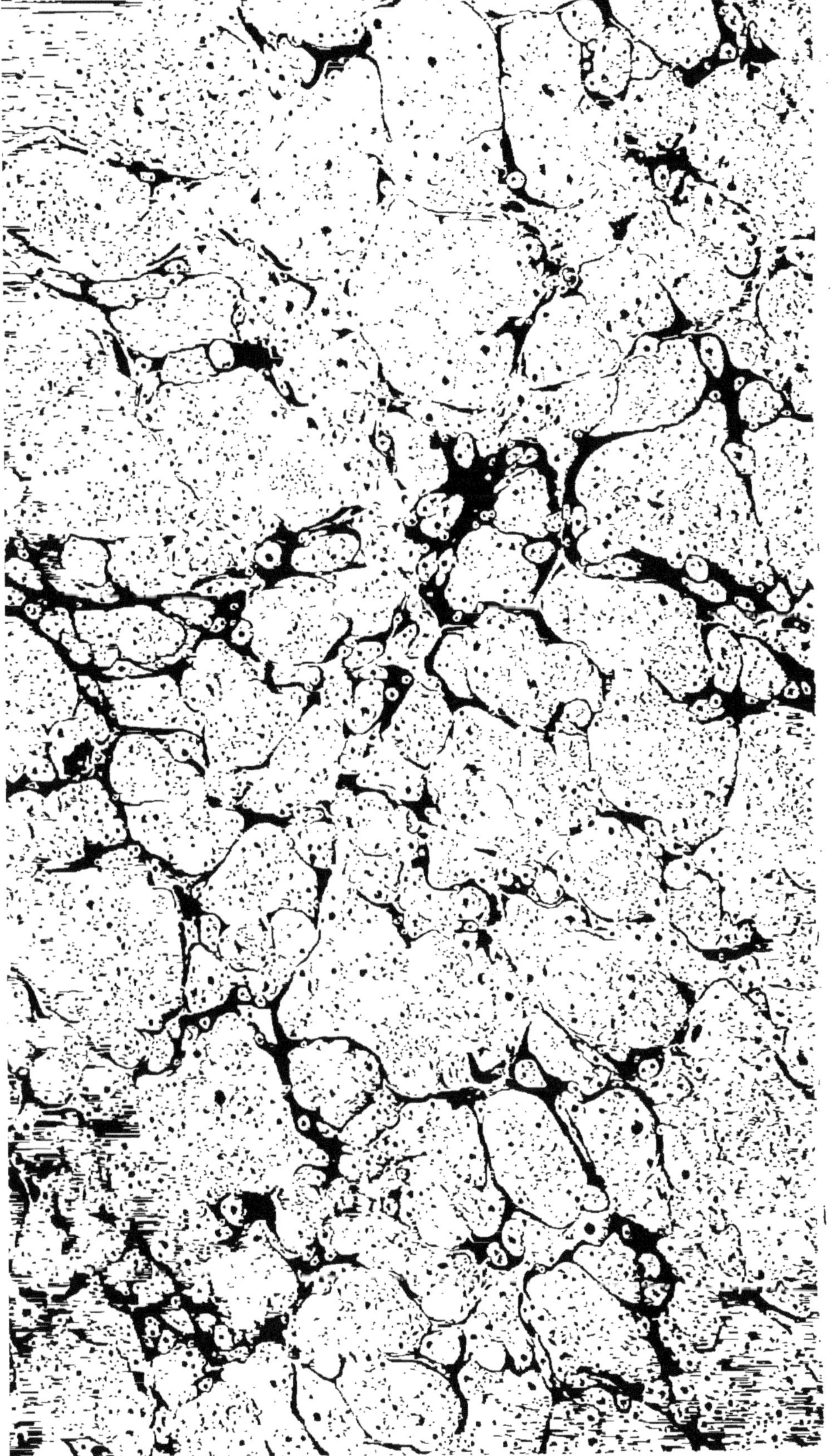

NAPOLÉON BONAPARTE.

DE L'IMPRIMERIE DE DOUBLET.

Arrivée de Bonaparte, à l'Ile S.te Hélène

NAPOLÉON BONAPARTE,

OU

Détails historiques sur la Vie privée et politique de cet ex-Empereur; depuis son départ à l'île d'Elbe, jusqu'à son embarquement pour Ste-Hélène. Suivis d'une notice sur ce qui s'est passé à ce moment, et la liste des personnes qui l'accompagnent; terminés par plusieurs particularités intéressantes sur ce voyage.

PAR M. B. D. L.

> Quel est partout ce cri d'alarme?
> O ciel! l'ai-je bien entendu?
> Chacun dit en versant des larmes,
> Napoléon est revenu.
>
> BOUTROUX, Ode II.

A PARIS,
Chez MONTAUDON, Libraire, quai des Grands-Augustins, n°. 19.
1815.

abîme de maux qu'elle avoit jusqu'alors méconnus, et se trouva en proie à toutes les horreurs révolutionnaires, que des intrigans, des hommes perdus de mœurs, suscitèrent contre elle au nom de la Patrie. Ce fut alors que l'on vit, mais trop tard, l'affreux tableau de la vertu aux prises avec le crime, et des proscriptions en tous genres, peser sur les citoyens les plus recommandables par leurs qualités éminentes; rien ne fut épargné, ni le sexe ni l'âge. La vierge timide, l'épouse vertueuse, le viellard dont les cheveux blanchis par l'âge, auroient dû inspirer un saint respect; conduits à l'échafaud au milieu d'un Peuple abusé par les mots de *patrie* et de *liberté*, offrirent chaque jour le spectacle horrible des excès auxquels peuvent se porter les hommes, lorsqu'ils ont une fois rompu tous les liens de la société. Une crise pareille ne pouvoit pas toujours durer, et les factions qui s'entre-déchiroient l'une après l'autre, alloient enfin anéantir à jamais un pays sur lequel, elles avoient appelé la vengeance des autres Peuples.

Il falloit un terme à tant de maux, mais pour y parvenir il falloit trouver un homme assez audacieux, assez entreprenant pour se charger d'une pareille entreprise, et cet homme se trouva.

Sortie du cahos de crimes et d'horreurs répandus sur toute sa surface, la France entière regarda comme un sauveur, celui qui venoit de la tirer du précipice affreux dans lequel elle étoit plongée depuis si long-temps, elle ne prévoyoit pas alors combien elle auroit à gémir de sa confiance; et qu'à la place de tant de bourreaux, elle trouveroit un monstre qui réuniroit à lui seul, les crimes de tous. Cruelle leçon pour les Peuples qui méconnoitroient à l'avenir, la douceur d'un gouvernement éclairé, protecteur des arts et du commerce ; dont tous les soins ne tendent qu'au bonheur de ceux qui vivent sous ses lois.

Puisse cette épreuve, malheureusement si funeste, être pour la France la dernière, et rallier à jamais tous les citoyens sous l'égide paternel d'un Roi, juste et bon, que le ciel a rendu à nos vœux, et dont le bonheur consiste en celui de ses sujets.

Je vais retracer ici quelques traits sur cet homme, qui pendant quinze ans, opprima une des Nations les plus policées de l'Europe. L'on verra que; dès son enfance, il montra ce caractère altier, cette perfidie rafinée, qui nous causa par la suite tant de malheurs; lorsqu'il auroit pu, en répondant à la confiance qu'il avoit inspirée, profiter de son pouvoir pour cicatriser les plaies de l'État, et rendre son nom immortel, non par des forfaits, mais bien en remettant à son souverain légitime, un trône qu'il lui auroit conservé, par une fermeté prudente, et dont il auroit rassuré les fondemens, par l'anéantissement des divers partis qui en avoient sappés les bases, c'est alors qu'il auroit véritablement acquis ce surnom de grand, que divers flatteurs lui prodiguèrent; c'est alors qu'il auroit été véritablement le sauveur de la patrie.

Bonaparte (Napoléon) naquît à Ajaccio en Corse, le 15 août 1769; il obtint, par le crédit d'un protecteur, d'être admis à l'École Militaire de Brienne en Champagne, dont la direction étoit confiée à des Minimes; et l'éducation soignée qu'il y reçut, développa en lui les premiers germes de talens, qui le firent admettre à celle de Paris. Là, le jeune élève se fit remarquer par une sorte de fierté, et un goût pour la solitude, qui annonçoient un esprit taciturne, ce qui lui aliéna l'amitié de ses jeunes camarades. Il manifesta de bonne heure le goût de la propriété exclusive, qui suppose presque toujours la sécheresse de l'ame, et le besoin de dominer. Bonaparte, enfant adoptif du Gouvernement qui fit si long-temps notre bonheur, venoit de quitter l'École Militaire de Paris au moment où la revolution éclata, et loin de se dévouer à la défense du trône, comme la reconnoissance lui en faisoit un devoir, il figura bientôt parmi ces hommes inquiets qui mirent toutes leurs espérances dans l'infraction du pacte social. Dès 1789, sous-lieutenant d'artillerie au régiment de la Fère, il se trouva au siége de Toulon, et donna à cette époque aux généraux qui dirigeoient l'artillerie du siége, des conseils qui facilitèrent la prise de cette place, et attirèrent sur lui l'attention des chefs du Gouvernement. Depuis ce siége jusqu'à l'infame journée du 13 vendémiaire, on n'entendit plus parler de lui; malgré qu'il avoit été nommé après le siége de Toulon, par Robespierre le jeune, général de brigade.

Cette malheureuse journée du 13 vendémiaire an 4, ou une poignée de misérables qu'on décora du nom d'armée républicaine, s'arma contre les gens de bien, qu'on osa appeler brigands et rebelles, ramena Bonaparte sur la scène politique. Sur le refus du général Ménou, le commandement de cette armée fut confié à Barras, qui choisit pour commander en second, le général Bonaparte, et l'on ne sait que trop, avec quel zèle, ce dernier s'acquita d'une mission aussi déshonorante; puisqu'il ne craignit pas d'ensanglanter sa Patrie adoptive. Une telle soumission aux ordres barbares des bourreaux de la

France, fut récompensée par le commandement de l'armée d'Italie, et la main de madame de Beauharnais, veuve du général de ce nom. Je ne le suivrai pas dans cette nouvelle carrière ; mais guidant des Français au combat, pouvoit-il ne pas obtenir des succès, et la bravoure de nos troupes, ne devoit-elle pas cueillir des lauriers ? Sous un chef qui véritablement déploya dans le plan de cette campagne de grands talens militaires, et montra souvent du courage, et presque toujours du sang-froid dans les occasions difficiles.

Cependant, dans cette campagne plusieurs actions révolutionnaires vinrent flétrir, pour le général, ces lauriers qui auroient dû assurer sa gloire; et les vexations en tous genres qu'il se permit envers les peuples qu'il venoit de soumettre, furent comme le prélude de ce que son caractère féroce se proposoit d'entreprendre.

De retour à Paris après le traité de Rastad, il fut reçu avec un enthousiasme difficile à décrire; mais, malgré les fêtes que lui donna le Directoire, ce dernier commença à redouter l'esprit entreprenant d'un homme, qui venoit de prouver qu'il étoit capable de tout pour arriver à son but; en conséquence, afin de l'éloigner, le Directoire imagina l'expédition d'Égypte, et lui en confia le commandement. Bonaparte porta dans ces malheureuses contrées, tous les désastres de la guerre; et après avoir inutilement sacrifié la plus grande partie de ses soldats, il abandonna lâchement l'autre, et revint en France, méditant l'anéantissement d'un Gouvernement trop foible pour s'opposer à ses desseins; renversant le Directoire, bientôt il lui succède sous le titre de premier consul, et voit ainsi s'applanir pour lui le chemin du pouvoir suprême. Rien n'arrêtant alors la marche de son usurpation, il résolut de monter sur un trône qu'il convoitoit depuis long-temps; mais la faction des Jacobins, lui paroissant un obstacle à ses desseins, il songea à se les attacher en se souillant de l'assassinat d'un prince de la maison de Bourbon, (*le duc d'Enghien.*) Par ce meurtre il otoit à ses ennemis l'idée qu'ils auroient pu se former qu'il désiroit rendre la couronne à son souverain légitime; et le premier dégré du trône qu'il usurpa ainsi, fut le cadavre ensanglanté de son illustre victime. Il sut dans le même temps s'attirer dans la Capitale de vrais amis de la royauté, qui depuis long-temps faisoient tous leurs efforts, pour rendre le royaume à un Prince, modèle de toutes les vertus. Sous le fallacieux prétexte d'une conspiration dirigée contre sa personne; Il en fit condamner plusieurs à mort, et d'autres à une réclusion perpétuelle. Parmi eux se trouvoient les généraux Pichegru et Moreau, le premier fut étranglé dans sa prison, et le second ne dut sa conservation qu'à l'intérêt que lui portoient les troupes et les habitans de la Capitale; il lui permit de se retirer aux États-Unis d'Amérique. Débarrassé ainsi de ceux qu'il supposoit ses ennemis irréconciliables; il monta sans opposition sur un trône qu'il venoit d'usurper. Pour donnér plus d'éclat à son couronnement, l'homme qui avoit été de toutes les religions, exigea que le souverain Pontife quitta ses États, et vint dans la Capitale pour le sacrer. On ne sait que trop comment il paya par la suite, la complaisante bonté du chef de l'Église, qu'il l'abreuva de tous les outrages dont son caractère sacré le devoit mettre à l'abri. Rien n'arrêtant plus alors la fureur insensée du despote, il porta chez les divers peuples de l'Europe les horreurs d'une guerre injuste e cruelle. La conscription, dont il abusa de toutes les manières pour servir ses ambitieux projets, le mettoit à même d'opposer des forces innombrables, à celles de ses ennemis; bientôt toutes les Nations devinrent ses tributaires, et furent soumises à ses caprices, ce n'étoit point assez; rougissant de voir assise sur le même trône que lui, une femme à laquelle il devoit l'origine de sa puissance; il rechercha l'alliance d'un des souverains, dont il avoit plusieurs fois été le vainqueur. Et sous le vain prétexte d'obtenir un héritier de son nom, et d'éviter par la suite, les guerres intestines dans lesquelles, à sa mort, l'empire français se trouveroit plongé, il parvint à faire dissoudre son premier hymen, afin d'en pouvoir contracter un nouveau. L'on vit alors la fille des

Césars, une princesse douée de toutes les vertus qui embélissent son sexe, donner à l'Europe étonnée, l'exemple d'un dévouement sublime, en acceptant pour époux l'oppresseur de son père.

Buonaparte, parvenu ainsi au comble de ses désirs, ne mit plus de frein à sa vaste ambition. Un prince, de tout temps allié de la France, ayant eu la confiante imprudence de le prendre pour conciliateur entre sa famille et lui; se vit bientôt ravir ses États, et traîné prisonnier avec ses enfans, au sein de la France. Telle fut l'origine de la guerre d'Espagne, qui offrit l'affreux tableau de toutes les atrocités auxquelles peuvent se porter la haine et la vengeance. Les Espagnols, attachés à leurs princes légitimes, combattant pour eux, et pour leur patrie, montrèrent, dans cette occasion, tout ce dont peut être capable un Peuple énergique, quand il a ses foyers à défendre ; et Bonaparte ne retira de cette guerre insensée, que la honte de l'avoir entreprise.

Une pareille leçon, loin de le détourner de ses projets d'envahissement ne servit au contraire qu'à en ranimer l'ardeur ; et bientôt il résolut de porter, dans les contrées éloignés du nord, son amour pour les conquêtes. La guerre de Russie fut entreprise ; et nous eûmes à regretter l'élite d'une des plus brillantes armées, qu'ait possédée la France. Tout fut englouti dans ces climats glacés, hommes, chevaux, munitions, bagages, tout disparut dans les déserts de la Russie ; et le despote couvert du sang des innocentes victimes immolées à sa fureur dévastatrice, abandonnant, sans remords, les débris d'une armée si brave et si malheureuse, vint audacieusement accuser dans sa Capitale, les élemens, d'une défaite qui n'étoit due qu'à son ineptie, et à son imprévoyance.

Dès cet instant, la fortune sembla abandonner un homme à qui l'audace avoit tenu lieu de valeur, et qui dans les périls imminens, abandonnoit indignement des soldats courageux, dont le désespoir doubloit pour ainsi dire le nombre.

Le but de cet ouvrage n'étant pas de donner un historique de ses campagnes, dont on a parlé de tant de manières différentes, je n'ai donc que succinctement rapporté ce qui a précédé celle de Russie, c'est à dater de cette époque que je vais suivre Bonaparte, jusqu'à l'instant où il s'est embarqué pour l'île de Sainte-Helène, après sa seconde usurpation, et je terminerai par quelques faits particuliers, qui, se rattachant à sa vie privée et politique, prouveront combien il mérita peu cet enthousiasme qu'il sut exciter, et dont il profita si habilement avec un Peuple généreux et confiant, qui avoit cru pouvoir lui confier ses destinées.

Dans toutes ses précédentes campagnes, Bonaparte communiquoit au Sénat les pièces relatives à la rupture des traités d'alliance ou de paix; mais celui qui étoit seigneur suzerain des trônes usurpés, et dont il avoit confié l'administration à tel ou tel membres de sa famille, car on ne peut se dissimuler qu'il régnoit en Espagne, sous le nom de Joseph; à Naples, sous le nom de Murat; en Hollande, sous le nom de Louis; en Westphalie, sous le nom de Jérôme; en Toscane, sous le nom de sa sœur, et sans doute aussi, sous le nom des princes de la Fédération, ne pouvoit plus s'abaisser à faire part de ses vastes projets de conquêtes, à un Sénat, pour qui cependant un seul mot, étoit un ordre; ou peut-être dissimulant ses projets perfides de porter la guerre, au sein d'une Nation, (la Russie) qui étoit liée à la France par le traité de Tilsit, vouloit-il rejeter sur des circonstances imprévues, tout l'odieux de sa conduite.

Enfin cette campagne qui devoit ne plus mettre de bornes à sa puissance, fut pour la France entière, une suite de calamités; et pour l'usurpateur le premier pas vers sa chûte.

Ce fut le 22 juin que la campagne commença par le passage du Niémen, dans la proclamation qu'il fit à cette occasion, il sembloit annoncer à la Russie son anéantissement, par la phrase suivante : « La Russie est entrainée par la fatalité, ses destins doivent s'accomplir ». Et se livrant comme à son ordinaire, à de vaines déclamations, il fait préjuger d'avance, par ses fanfaronnades, combien il est sûr de la victoire.

L'empereur de Russie au contraire, conservant toujours ce ton de décence et de modération, qui convient à la bonne cause, veut tenter, s'il est possible, des moyens de conciliation, que lui dictent sa bonne foi, et le bonheur de son peuple; mais efforts inutiles. Bonaparte attaque subitement l'armée russe à Kowno, et déclare ainsi le premier la guerre. Il ne reste donc plus à Alexandre qu'à invoquer le Tout-Puissant, témoin et défenseur de la vérité, et à opposer ses forces aux forces de l'ennemi. Bonaparte plein de confiance dans son projet insensé, pénètre dans le cœur de la Russie, persuadé que tout doit fuir à son approche, ou implorer sa clémence. Mais les Russes révoltés d'une atrocité sans exemple, defendent vigoureusement leur territoire. Chaque avantage, est pour Bonaparte une défaite; on l'attire pas à pas, pour ainsi dire, afin de le mieux surprendre; cette ruse, loin de lui donner de la méfiance, ne sert au contraire, qu'à le convaincre du succès de son entreprise, et le 14 septembre, il entre dans Moscou livrée aux flammes par le comte de Rastopchin chargé de la défendre. Si moins aveuglé par son ambition, il eût réfléchi un seul instant à la lettre ainsi conçue, que ce gouverneur avoit laissée, après avoir mis le feu à son château :

» J'ai embelli pendant huit ans cette campagne, et j'y ai vécu heureux au sein de ma famille. Les habitans de cette terre, au nombre de dix-sept cent vingt, la quittent à votre approche; et moi, je mets le feu à ma maison pour qu'elle ne soit pas souillée par votre présence. Français ! Je vous ai abandonné mes deux maisons de Moscou, avec un mobilier d'un demi millon de roubles, etc. «

Il auroit vu qu'un gouvernement, qui ne craint pas d'incendier la seconde capitale de son empire, étoit capable de tout, pour s'opposer à une invasion que l'honneur réprouvoit.

Fidèle à son système astucieux, il ne craint pas d'annoncer que trente mille malades ou blessés Russes, avoient été abandonnés dans Moscou, sans secours et sans nourriture; et dans le même bulletin il y ajoute, nous y avons trouvé en abondance, du pain, des pommes de terre, et des provisions de toute espèce.

Et le 14 octobre, il rapporte que le temps étoit encore beau, que la première neige étoit tombée la veille; mais que tous nos blessés étoient évacués sur Smolensck, Minsck et Mohilow.

C'est ainsi, que par des bulletins trompeurs, il abuse les habitans de la Capitale; tandis que, général imprévoyant, il ne s'occupe nullement du sort de tant de braves, que son ineptie devoit laisser périr dans ces déserts glacés.

Bientôt le 29e. bulletin, vient glacer d'effroi la France entière; quel cœur auroit été assez insensible pour lire, sans répandre des larmes, le récit suivant : « Le froid qui avoit commencé le 7 s'accrut subitement du 14 au 15, et au 16 le thermomètre marqua 16 et 18 degrés au dessous de glace ; les chemins furent couverts de verglas; les chevaux d'artillerie, de cavalerie, de train, périssoient toutes les nuits, non par centaines, mais par milliers, surtout les chevaux de France et d'Allemagne, plus de trente mille chevaux périrent en peu de jours. Le barbare, il ne croit pas devoir parler des hommes. Notre cavalerie et nos transports se trouvoient sans attelage, il fallut abandonner et détruire une bonne partie de nos pièces, et de nos munitions de guerre et de bouche.

Cette armée si belle le 6, étoit bien différente dès le 14, presque sans cavalerie, nous ne pouvions pas nous éclairer à un quart de lieue; cependant sans artillerie, nous ne pouvions pas risquer une bataille, et attendre de pied ferme. Il falloit marcher pour ne pas être contraint à combattre, ce que le défaut de munition nous empêchoit de désirer; il falloit occuper une certaine espace, pour ne pas être tournés, et cela, sans cavalerie qui éclairât et liât les colonnes; cette difficulté jointe à un froid excessif subitement venu, rendit notre situation facheuse.... La division Partonnaux partit à la nuit de Borisow; une brigade qui formoit l'arrière-garde, et qui étoit chargée de brûler les ponts, partit à sept heures du soir, elle arriva entre dix et onze heures; elle chercha sa première brigade et son général de division qui étoient partis deux heures avant, et qu'elle n'avoit pas rencontrés en route. Ses recherc es furent vaines, on en conçut alors des inquiétudes ; tout ce qu'on à pu connoître depuis, c'est que cette première brigade partie à cinq heures s'est égarée à six, à pris à droite au lieu de prendre à gauche, et à fait deux ou trois lieues dans cette direction : que dans la nuit, et transie de froid, elle s'est ralliée aux feux de l'ennemi, qu'elle à pris pour ceux de l'armée francaise, entourée ainsi elle aura été enlevée. Cette cruelle méprise doit nous avoir fait perdre deux mille hommes d'infanterie, trois cents chevaux et trois pièces d'artillerie. Des bruits couroient que le général de division n'étoit pas avec sa colonne, et avoit marché isolément....

» ... L'armée, sans cavalerie, foible en munitions, horriblement fatiguée de cinquante jours de marche, traînant à sa suite ses malades et ses blessés de tant de combats, avoit besoin d'arriver à ses magasins. Le 30 le quartier-général fut à Pluhnitsi. «

. . . . . Dire que l'armée à besoin de rétablir sa discipline, de se refaire, de remonter sa cavalerie, son artillerie et son matériel, c'est le résultat de l'exposé qui vient d'être fait. Le repos est son premier besoin. .

. . . . . Notre cavalerie étoit tellement démontée, que l'on n'a pu réunir que les officiers auxquels il restoit un cheval, pour en former quatre compagnies, de 150 hommes chacune. Les généraux y faisoient les fonctions de capitaines, et les colonels celles de sous-officiers. Cet escadron sacré, commandé par le général Grouchy, et sous les ordres du roi de Naples, *ne perdoit pas de vue l'empereur dans tous ses mouvemens.*

« La santé de S. M. n'a jamais été meilleure ».

Lorsqu'on songe que Bonaparte, devoit chercher à affaiblir la peinture des désastres, dont il étoit seul l'auteur; lorsqu'on voit que le 14 octobre, il étoit déjà sans munition, et qu'ainsi les combats, successivement provoqués par les Russes, ne devoient être qu'une boucherie de nos malheureux soldats; lorsqu'on cherche à suivre, par la pensée, une armée livrée à toutes les horreurs du froid et de la faim, obligée de traverser un pays ravagé, harcelée à chaque pas par des ennemis qui ont trop de vengeance à exercer, pour respecter le malheur; lorsqu'on sait que les hommes les plus doux, sont devenus barbares; que le courage lui-même a été ébranlé, que les titres d'*ami*, de *chef*, de *frère*, ont été méconnus par ceux qui les avoient toujours respectés, et que tous les cœurs ne s'ouvroient plus qu'aux sentimens de la terreur, ou du désespoir; on ne peut s'empêcher d'appeler les vengeances célestes sur la tête de celui dont le délire, attira pa si grands revers sur notre malheureuse Patrie ; on ne peut qu'être étonné de ce que l'*escadron sacré* parvint à défendre le tiran, des justes fureurs de ses propres soldats.

Essayons de tracer ici l'affreux tableau du résultat de cette malheureuse campagne. Quel grand et déplorable spectacle, que celui de l'agonie de quatre cens mille guerriers ! L'espace effrayant qu'ils avoient à franchir, et qui ne présentoit à leurs regards que les débris des hameaux et des villes, leur marche silencieuse au milieu des frimats, non pendant quelques jours, non pendant quelques semaines, mais pendant plus d'un mois dont chaque minute étoit comptée, dont chaque seconde marquoit une perte une souffrance ; une armée de victimes, livrée aux horreurs de la faim, sans force pour combattre un ennemi furieux, jetant ses armes, abandonnant ses canons, se disputant les plus viles alimens, n'ayant qu'une pensée, celle de son retour, et qu'un aspect, celui de la mort.

On vit donc errer six cent mille guerriers, vainqueurs de l'Europe, la gloire de la France; on les vit errer parmi les neiges et les déserts, s'appuyant sur des branches de Pin, car ils n'avoient plus la force de porter leurs armes; et couverts pour tout vêtement de la peau sanglante des chevaux, qui avoient servi à leur dernier repas. De vieux capitaines, les cheveux et la barbe hérissés de glaçons, s'abaissoient jusqu'à caresser le soldat, pour en obtenir une chétive partie : tant ils éprouvoient les horreurs de la faim? Des escadrons entiers, hommes et chevaux, étoient gelés pendant la nuit; et le matin on voyoit encore ces phantômes debout au milieu des frimats. Des soldats enlevèrent leurs manteaux à des officiers supérieurs pour s'en revêtir, et leurs chevaux pour les dévorer. Des militaire d'une bravoure éprouvée, versoient des larmes comme des enfans; plusieurs se brûloient la cervelle; un plus grand nombre refusoient de marcher, espérant d'être faits prisonniers. On craignoit de s'arrêter un seul instant pour donner des secours à un ami, à son frère. On vit des soldats dépouiller leurs camarades, aussitôt qu'ils éprouvoient ce rire convulsif, qui étoit l'avant-coureur de leur mort. Enfin, un témoin oculaire a attesté que des malheureux Français, poussés par la rage, ou par la faim, *avoient dévorés leurs poings*, avant de mourir.

Les seuls témoins des souffrances de nos soldats dans ces solitudes, étoient des bandes de corbeaux et des meules de lévriers blancs demi-sauvages, qui suivoient notre armée, pour en dévorer les débris. L'empereur de Russie fit faire au printemps la recherche des morts : on compta plus de cent soixante mille cadavres; dans un seul bûcher on en brûla vingt-quatre mille. La peste militaire qui avoit disparu depuis que la guerre ne se faisoit plus qu'avec un petit nombre d'hommes, cette peste reparut avec la conscription, les armées d'un million de soldats et les flots de sang humain. Et que faisoit le destructeur de nos pères, de nos frères, de nos fils, quand il moissonnoit ainsi la fleur de la France? Il fuyoit. Il venoit aux Tuileries dire, en se frottant les mains au coin du feu : *il fait meilleur ici que sur les bords de la Bérésina.* Pas un mot de consolation aux épouses, aux mères en larmes dont il étoit entouré; pas un regret, pas un mouvement d'attendrissement, pas un remords, pas un seul aveu de sa folie.

Les Tigellins disoient : « Ce qu'il » y a d'heureux dans cette retraite, » c'est que l'empereur n'a manqué

» de rien ; il a toujours été bien
» nourri, bien enveloppé dans une
» bonne voiture ; enfin il n'a pas
» du tout souffert, c'est une grande
» consolation. »

Encore une fois infidèle aux Français qui affrontèrent pour lui tant de maux plus cruels que la mort, Bonaparte arriva donc à Paris ; et au lieu de lui demander compte de tant de braves morts loin de leur patrie, le Sénat, dans un discours rempli de flagorneries, et qui se terminoit ainsi : « Que V. M. I. et R.
» Sire, agrée le tribut de la recon-
» noissance, de l'amour et de l'in-
» violable fidélité du Sénat et du
» peuple Français » eut la bassesse d'applaudir à ses funestes conceptions. Ne sembloit-il pas que la France toute entière lui devoit des actions de graces, pour le deuil dont il venoit de la couvrir ?

Le séjour de Bonaparte à Paris,

que le Sénat appeloit un bienfait, devoit être signalé par de nouveaux actes arbitraires. Vaincu, mais non changé par la fortune, le féroce conquérant avoit également à satisfaire son ambition et son amour propre. Encore une fois il veut tenter le sort des armes, encore une fois une campagne désastreuse va répandre la désolation sur la France.

Le 10 janvier 1813, le conseiller d'Etat R. de S.-J. D. présente au Sénat un projet de sénatus-consulte, qui met trois cent cinquante mille hommes à la disposition du ministre de la guerre.

On remarque le passage suivant dans le discours de cet orateur : « Notre vaste territoire, notre im-
» mense population n'éprouvent que
» des sacrifices inséparables de l'état
» de guerre, *mais sont loin de re-*
» *douter le sort des pays qui en sont*
» *le théâtre.*

« Au-dedans la tranquillité règne ;
» l'industrie, les travaux publics re-
» prennent leur cours.

« Au-dehors, l'*Autriche et nos*
» *autres alliés se montrent affec-*
» *tionnés et fidèles*, nos forces, nos
» moyens, nos ressources militaires
» sont immenses. »

Le lendemain, le Sénat se hâta de sanctionner le projet présenté par Bonaparte.

Trois mois s'écoulent à peine, et le 3 avril de la même année, le Sénat met encore *cent quatre vingt mille* hommes à la disposition de Bonaparte.

Avec des forces aussi imposantes, et les débris de son armée du Nord, on pouvoit se promettre quelques succès ; mais de nouveaux ennemis alloient bientôt se lever, contre un homme dont l'ambition menaçoit successivement toutes les têtes couronnées.

D'abord les succès et les revers paroissent balancés. Le même champ de bataille est tour-à-tour occupé par les Français et par les troupes alliées.

Enfin, un long silence nous prépare, comme dans la campagne précedente, à l'annonce d'un grand revers. Le moniteur du 30 octobre public une suite de bulletins, à la date des 4, 15, 16 et 24 octobre. Le dernier surtout, que nous allons rapporter en entier, nous rappelle celui qui nous annonça les désastres de Mòskou.

La bataille de Wachau avoit déconcerté tous les projets de l'ennemi; mais son armée étoit tellement nombreuse, qu'il avoit encore des ressources. Il rappela en toute hâte, dans la nuit, les corps qu'il avoit laissés sur sa ligne d'opération, et les divisions restées sur la Saale; et il pressa la marche du général Benigsen, qui arrivoit avec 40,000 hommes.

Après le mouvement de retraite qu'il avoit fait le 16 au soir et pendant la nuit, l'ennemi occupa une belle position à deux lieues en arrière. Il fallut employer la journée du 17 à le reconnoître, et à bien déterminer le point d'attaque. Cette journée étoit d'ailleurs nécessaire pour faire venir les parcs de réserve, et remplacer les 80,000 coups de canon, qui avoient été consommés dans la bataille. L'ennemi eut donc le temps de rassembler ses troupes qu'il avoit disséminées, lorsqu'il se livroit à des projets chimériques, et de recevoir des renforts qu'il attendoit.

Ayant eu avis de l'arrivée de ces renforts, et ayant reconnu que la position de l'ennemi étoit très-forte, l'empereur résolut de l'attirer sur un autre terrain. Le 18, à deux heures du matin, il se rapprocha de Leipsick :

de deux lieues, et plaça son armée, la droite à Connewitz, le centre à Probtsheyde, la gauche à Stœtteritz, en se plaçant de sa personne au moulin de Ta.

De son côté, le prince de la Moskowa avoit placé les troupes vis-à-vis l'armée de Silésie, sur la Partha; le 6e. corps à Schœnfeld, et le 3e. et le 7e. le long de la Partha, à Neutsch et à Teckla. Le duc de Padoue avec le général Dombroski, gardoit la position et le faubourg de Leipsick, sur la route de Halle.

A trois heures du matin, l'empereur étoit au village de Lindenau. Il ordonna au général Bertrand de se porter sur Lutzen et Weissenfels, de balayer la plaine, et de s'assurer des débouchés sur la Saale et de la communication avec Erfurt. Les troupes légères de l'ennemi se dispersèrent; et à midi, le général Bertrand étoit maître de Weissenfels, et du pont sur la Saale.

Ayant ainsi assuré ses communications, l'empereur attendit de pied ferme l'ennemi.

A neuf heures, les coureurs annoncèrent qu'il marchoit sur toute la ligne. A dix heures, la canonnade s'engagea.

Le prince Poniatowski et le général Lefol, défendoient le pont de Connewitz. Le roi de Naples avec le 2e. corps, étoit à Probstheyde, et le duc de Tarente à Holzhauzen.

Tous les efforts de l'ennemi, pendant la journée, contrè Connewitz et Probstheyde échouèrent. Le duc de Tarente fut débordé à Holzhauzen. L'empereur ordonna qu'il se plaçât au village de Stœtteritz. La canonnade fut terrible. Le duc de Castiglione qui défendoit un bois sur le centre s'y soutint toute la journée.

La vieille garde étoit rangée en réserve sur une élévation, formant quatre grosses colonnes dirigées sur les quatre principaux points d'attaque.

Le duc de Reggio fut envoyé pour soutenir le prince Poniatowski, et le duc de Trévise pour garder les débouchés de la ville de Leipsick.

Le succès de la bataille étoit dans le village de Probstheyde. L'ennemi l'attaqua quatre fois avec des forces considérables; quatre fois il fut repoussé avec une grande perte.

A cinq heures du soir, l'empereur fit avancer ses réserves d'artillerie, et reploya tout le feu de l'ennemi, qui s'éloigna à une lieue du champ de bataille.

Pendant ce temps, l'armée de Silésie attaqua le faubourg de Halle, ses attaques, renouvelées un grand nombre de fois dans la journée, échouèrent toutes. Elle essaya avec la plus grende partie de ses forces, de passer la Partha à Chœnfeld et à Saint-

Teckla. Trois fois elle parvint à se placer sur la rive gauche, et trois fois le prince de la Moskowa la chassa et la culbuta à la baïonnette.

A trois heures après midi, la victoire étoit pour nous de ce côté contre l'armée de Silésie, comme du côté où étoit l'empereur, contre la grande armée. Mais en ce moment l'armée saxonne, infanterie, cavalerie et artillerie, et la cavalerie wurtembergeoise, passèrent tout entières à l'ennemi. Il ne resta de l'armée saxonne que le général Zeschau, qui commandoit en chef, et 500 hommes. Cette trahison, non-seulement mit du vide dans nos lignes, mais livra à l'ennemi le débouché important confié à l'armée saxonne, qui poussa l'infamie au point de tourner sur-le-champ ses 40 pièces de canon contre la division Durutte. Un moment de désordre s'ensuivit; l'ennemi passa la Parthe et marcha sur Reidnitz, dont il s'em para : il ne se trouvoit plus qu'à une demi-lieue de Leipsick.

L'empereur envoya sa garde à cheval, commandée par le général Nansouty, avec 20 pièces d'artillerie, afin de prendre en flanc les troupes qui s'avançoient le long de la Partha pour attaquer Leipsick. Il se porta lui-même avec une division de la garde, au village de Reidnitz. La promptitude de ces mouvemens rétablit l'ordre; le village fut repris, et l'ennemi poussé fort loin.

Le champ de bataille resta en entier en notre pouvoir, et l'armée française resta victorieuse aux champs de Leipsick, comme elle l'avoit été aux champs de Wachau.

A la nuit, le feu de nos canons avoit, sur tous les points, repoussé à une lieue du champ de bataille le feu de l'ennemi.

Les généraux de division Vial et Rochambeau sont morts glorieusement. Notre perte dans cette journée peut s'évaluer à 4000 tués ou blessés; celle de l'ennemi doit avoir été extrêmement considérable. Il ne nous a fait aucun prisonnier, et nous lui avons pris 500 hommes.

A six heures du soir, l'empereur ordonna les dispositions pour la journée du lendemain. Mais à sept heures, les généraux Sorbier et Delauloy, commandant l'artillerie de l'armée et de la garde, vinrent à son bivouac lui rendre compte des consommations de la journée : on avoit tiré 95,000 coups de canon : ils dirent que les réserves étoient épuisées, qu'il ne restoit pas plus de 16,000 coups de canon ; que cela suffiroit à peine pour entretenir le feu pendant deux heures, et qu'ensuite on seroit sans munitions pour les événemens ultérieurs; que l'armée, depuis cinq jours, avoit tiré plus de 220,000 coups de canon, et qu'on ne pourroit se réapprovisionner qu'à Magdebourg ou Erfurt.

Cet état de choses rendoit nécessaire un prompt mouvement sur un de nos deux grands dépôts : l'empereur se décida pour Erfurt, par la même raison qui l'avoit décidé à venir sur Leipsick, pour être à portée d'apprécier l'influence de la défection de la Bavière.

L'empereur donna sur-le-champ les ordres pour que les bagages, les parcs, l'artillerie, passassent les défilés de Lindenau; il donna le même ordre à la cavalerie, et à différens corps d'armée; et il vint dans les faubourgs de Leipsick, à l'hôtel de Prusse, où il arriva à neuf heures du soir.

Cette circonstance obligea l'armée française à renoncer aux fruits des deux victoires où elle avoit, avec tant de gloire battu des troupes de beaucoup supérieures en nombre, et les armées de tout le continent.

Mais ce mouvement n'étoit pas sans

difficulté. De Leipsick à Lindenau il y a un défilé de deux lieues, traversé par cinq ou six ponts. On proposa de mettre 6000 hommes et 60 pièces de canon dans la ville de Leipsick, qui a des remparts, d'occuper cette ville comme tête de défilé, et d'incendier ses vastes faubourgs, afin d'empêcher l'ennemi de s'y loger, et de donner jeu à notre artillerie placée sur les remparts.

Quelque odieuse que fût la trahison de l'armée saxonne, l'empereur ne put se résoudre à détruire une des belles villes de l'Allemagne, à la livrer à tous les genres de désordre inséparables d'une telle défense, et cela sous les yeux du roi, qui, depuis Dresde, avoit voulu accompagner l'empereur, et qui étoit si vivement affligé de la conduite de son armée L'empereur aima mieux s'exposer à perdre quelques centaines de voitures que d'adopter ce parti barbare.

A la pointe du jour, tous les parcs, les bagages, toute l'artillerie, la cavalerie, la garde et les deux tiers de l'armée avoient passé le défilé.

Le duc de Tarente et le prince Poniatowski furent chargés de garder les faubourgs, de les défendre assez de temps pour laisser tout déboucher, et d'exécuter eux-mêmes le passage du defilé vers onze heures.

Le magistrat de Leipsick envoya, à six heures du matin, une députation au prince de Schwartzenberg pour lui demander de ne pas rendre la ville le théâtre d'un combat qui entraîneroit sa ruine.

A neuf heures, l'empereur monta à cheval, entra dans Leipsick, et alla voir le roi Il a laissé ce prince maître de faire ce qu'il voudroit, et de ne pas quitter ses États, en les laissant exposés à cet esprit de sédition qu'on avoit fomenté parmi les soldats. Un bataillon saxon avoit été formé à

Dresde, et joint à la jeune garde. L'empereur le fit ranger à Leipsick devant le palais du roi, pour lui servir de garde, et pour le mettre à l'abri du mouvement de l'ennemi.

Une demi-heure après, l'empereur se rendit à Lindenau pour y attendre l'évacuation de Leipsick, et voir les dernières troupes passer les ponts avant de se mettre en marche.

Cependant l'ennemi ne tarda pas à apprendre que la plus grande partie de l'armée avoit évacué Leipsick, et qu'il n'y restoit qu'une forte arrière-garde. Il attaqua vivement le duc de Tarente et le prince Poniatowski; il fut plusieurs fois repoussé; et, tout en défendant les fauxbourgs, notre arrière garde opéra sa retraite. Mais les saxons restés dans la ville tirèrent sur nos troupes de dessus les remparts; ce qui obligea d'accélérer la retraite, et mit un peu de désordre.

L'empereur avoit ordonné au génie

de pratiquer des fougasses sous le grand pont, qui est entre Leipsick et Lindenau, afin de le faire sauter au dernier moment; de retarder ainsi la marche de l'ennemi, et de laisser le temps aux bagages de filer. Le général Dulauloy avoit chargé le colonel Montfort de cette opération. Ce colonel, au lieu de rester sur les lieux pour la diriger et pour donner le signal, ordonna à un caporal et à quatre sapeurs de faire sauter le pont, aussitôt que l'ennemi se présenteroit.

Le caporal, homme sans intelligence, et comprenant mal sa mission, entendant les premiers coups de fusil tirés des remparts de la ville, mit le feu aux fougasses, et fit sauter le pont: une partie de l'armée étoit encore de l'autre côté avec un parc de 80 bouches à feu, et de quelques centaines de voitures.

La tête de cette partie de l'armée, qui arrivoit au pont, le voyant sauter, crut qu'il étoit au pouvoir de l'ennemi. Un cri d'épouvante se propagea de rang en rang : l'ennemi est sur nos derrières, et les ponts sont coupés ! — Ces malheureux se débandèrent et cherchèrent à se sauver. Le duc de Tarente passa la rivière à la nage ; le comte Lauriston, moins heureux, se noya ; le prince Poniatowski, monté sur un cheval fougueux, s'élança dans l'eau, et n'a plus reparu. L'empereur n'apprit ce désastre que lorsqu'il n'étoit plus temps d'y remédier ; aucun remède même n'eût été possible. Le colonel Monfort et le caporal de sapeurs sont traduits à un conseil de guerre.

On ne peut encore évaluer les pertes occasionnées par ce malheureux événement ; mais on les porte, par approximation, à 12,000 hommes et à plusieurs centaines de voitures. Les désordres qu'il a portés dans l'armé ont changé la situation des choses l'armée française victorieuse arrive à Erfurt, comme y arriverait une armée battue. Il est impossible de peindre les regrets que l'armée a donnés au prince Poniatowski, au comte Lauriston, et à tous les braves qui ont péri par la suite de ce funeste événement.

On n'a pas de nouvelles du général Reynier; on ignore s'il a été pris ou tué. On se figurera facilement la profonde douleur de l'empereur, qui voit, par un oubli de ses prudentes dispositions, s'évanouir les résultats de tant de fatigues et de travaux.

Le 25, il est arrivé à Erfurt.

L'ennemi, qui avoit été consterné des batailles du 16 et du 18, a repris, par le désastre du 19, du courage et l'ascendant de la victoire. L'armée française, après de si brillans succès, a perdu son attitude victorieuse.

Nous avons trouvé à Erfurt, en vivres, munitions, habits, souliers, tout ce dont l'armée pouvoit avoir besoin.

On voit par ce bulletin, que Bonaparte, en annonçant les désastres de son armée, n'oublie pas de rappeler que toutes les précautions sont prises pour en diminuer les résultats, que des hôpitaux sont préparés pour recevoir les blessés, afin qu'ils reçoivent tous les soins que commandent leur malheur et l'humanité. Que l'on compare maintenant ce rapport avec le suivant.

Partout après cette malheureuse campagne, on vit l'horrible spectacle de la terreur du désespoir de l'insubordination du pillage et aucun lieu ne fut respecté. A Erfurt, il existoit sept hôpitaux au bout de vingt-quatre heures, pas un bouillon; pas un verre de vin, pas un morceau de pain, pas une compresse, pas une once de charpie! Les habitans eux-mêmes étoient sans subsistances, tout le monde fuyoit les malades, les blessés seuls demeuroient. Ils expiroient d'inanition dans les refuges de l'humanité, ou plutôt dans les sépulcres de Napoléon.

Lorsque Bonaparte rétrogradant, traversa Erfurt, on lui exposa la position déplorable des hôpitaux : « Je donne, dit-il, 6,000 francs par » jour sur ma cassette », et il partit au galop. La cassette arriva peu de temps après lui, point d'ordre à exhiber, la cassette passa outre les malheureux..... On frémit en songeant à leur sort.

Lorsqu'après l'affaire de Hanau, les débris de l'armée commencèrent à rentrer en France, rien n'avoit été préparé pour recevoir ces milliers d'infortunés, de spectres vivans qui pas à pas, traînant leur affreuse existence, affluèrent pendant quatorze jours sans interruption.

A Mayence, les hôpitaux, les

églises, les lycées, les douanes, les magasins étant bientôt insuffisans, on eut recours aux maisons des habitans. Les Mayençois firent preuve dans cette occasion d'un dévouement sans bornes. Quinze mille malades ou blessés furent logés, soignés chez les bourgeois, et pourtant l'arrivée successive des bateaux ne se ralentissoit pas.

Le Rhin, semblable à l'Achéron, pendant des jours de carnage, sans cesse s'avançoit vers la rive une barque silencieuse..... Au teint pâle et livide de ceux qu'elle amenoit, on croyoit voir les ombres de nos guerriers descendre sur les sombres bords de ce fleuve qu'on ne repasse plus....

C'est alors que l'on vit pendant quatre-vingt-seize heures les rues encombrées de mourans. Les uns expiroient sur les dégrés extérieurs en attendant qu'un cadavre fut enlevé de la maison; les autres étendus au soin des bornes, avoient perdu l'espoir de rendre le dernier soupir sous un toît hospitalier.... Le râle de la mort s'entendoit à chaque pas, la dyssenterie exténuoit tous les corps, la ville n'étoit que sang, l'air étoit infecté.....

Sur la chaussée, des chevaux ruinés, écorchés, d'une maigreur extrême, n'ayant ni fourrage ni litière, tomboient d'épuisement; des caissons brisés, des affuts sans canons, des fourgons renversés, des gémissemens, des sanglots, des imprécations, un temps affreux sur la place d'armes; enfin, des régimens entiers bivouaquant dans la boue et Bonaparte aux Tuileries ou bien à l'Opéra!!!

Quelques jours après, nouveau fléau : une épidémie épouvantable se déclara dans les hôpitaux et même dans la ville : citadins, militaires, chefs employés, presque personne n'en fut exempt : un nombre effrayant succomba, le préfet lui-même, le gouverneur atteints, moururent. Comment la contagion n'auroit-elle point exercé ses ravages au sein d'une cité où l'on reçut (a peine on pourra le croire), des blessés qui n'avoient point été pansés depuis Léipsick.. (Quatre-vingt-douze lieues de distance) !! Leurs plaies étoient gangrenées au point que les vers y pulluloient et perçoient même à travers l'appareil.

Du 7 au 20 novembre, il mouroit à Mayence jusqu'à cinq cent individus par vingt-quatre heures, le huitième environ de bourgeois. On trouvoit dans chaque carrefour des corps inanimés que les habitans voisins venoient y déposer. Personne pour les enlever : beaucoup restoient trois et quatre jours sur le pavé. Les chars funèbres étoient réservés spécialement pour les inhumations civiles. Ils se croisoient sans interruption cinq à six cercueils sur chacun d'eux : toutes les voitures de transport cachées ou requises, des tas énormes d'immondices, la police mal faite, le maire aux abois.

Hors la ville, on apercevoit dans le cimetière une quantité si prodigieuse de cadavres amoncelés, qu'elle excédoit la hauteur des murs d'enceinte. On paya jusqu'à soixante fr. par jour des fossoyeurs; ils périrent tous, le Rhin devint alors la tombe générale.

On frisonne lorsque l'on pense que de tèls malheurs sont le résultat d'une coupable et volontaire imprévoyance.

Pendant ces scènes d'horreur, Bonaparte revenu au sein de la capitale. Vaincu, humilié, reçoit sans remords les complimens du Sénat, qui ose lui dire « les efforts des ennemis de la France, ont en vain été secondés par la défection des alliés, par des trahisons sans exemple, par des événemens extraordinaires et des accidens funestes, votre majesté à tout surmonté. »

Ajoutons à l'horreur du tableau précédent celui non moins terrible du massacre de Lutzen. Après cet affreux massacre, toute la maison de l'Empereur composée de plus de soixante voitures traversa ventre à terre le champ de bataille, foulant aux pieds des chevaux, écrasant sans pitié les blessés français, (je dis français parce que le mouvement de concentration des alliés fut fait avec tant d'ordre et d'habileté qu'on ne trouva pas après eux un seul des leurs.

Eh bien ! les cris affreux, déchirans ; ces corps mutilés se roulant pêle-mêle, se hâtant de traîner après eux leurs membres en lambeaux, cherchant encore la vie sur le champ de la mort ; l'effroyable craquement des os et des crânes, le sang et les cervelles qui jaillissoient jusque sur les écuyers, ont-ils pu ralentir la course meurtrière?... Non, il falloit bien que les valets imitassent leur maître. Cet épouvantable exemple fut donné pour la première fois par Bonaparte lui-même, à son entrée dans la ville d'Eylau. Les rues qui conduisoient au château étoient encombrées de morts et de mourans. Sa propre voiture écrasa, broya tout ce qu'elle rencontra sur son passage, les cours du palais étoient jonchées de blessés et de cadavres. *Otez donc ce spectacle de devant mes yeux*, dit Bonaparte, en mettant pied à terre.

Pour exécuter cet ordre : un grand nombre de fourgons destinés à recevoir ordinairement chacun six blessés arrivèrent aussitôt, on eut la cruauté d'y en jeter jusqu'à vingt les uns sur les autres morts ou vivans sans distinction; ce n'est pas tout, pour étouffer les cris, les hurlemens, on ferma les fourgons qui partirent au galop.

Nous avons rapporté que le Sénat eut après tant de désastres, la bassesse de le féliciter encore sur ce qu'il appeloit son heureux retour. Voici maintenant la réponse que fit Bonaparte à ce premier corps de l'état, qui, loin de lui représenter au nom de la nation, combien il avoit abusé de sa confiance; sembloit au contraire par une lâche adulation approuver les malheureux résultats de son ambition démesurée.

« J'agrée lui dit-il, les sentimens que vous m'exprimez, toute l'Europe marchoit avec nous il y a un an. Toute l'Europe marche aujourd'hui contre nous, c'est que l'opinion du monde est faite par la France ou par l'Angleterre, nous aurions donc tout à redouter sans l'énergie et la puissance de la nation. »

« La postérité dira, que si de grandes et critiques circonstances se sont présentées, elle n'étoient pas au-dessus de la France et de moi. »

Ainsi le Sénat et Bonaparte s'accordoient pour annoncer à la France qu'après les plus grands revers, on devoit encore se féliciter des résultats de cette funeste campagne.

L'Europe entière, liguée pour venger les droits de la raison et de l'humanité poursuit sa victoire, et bientôt les frontières de la France sont menacées d'une invasion inévitable. Au premier bruit de ce fatal événement; le français retrouvant ce courage, et cette audace qui le signalèrent tant de fois sur les champs de bataille résolut d'opposer à ce torrent prêt à fondre sur lui, tout ce que ses ressources pouvoient offrir de résistance, et l'on vit de toutes parts le spectacle sublime et imposant d'une nation entière, s'armant pour la défense de son territoire, oublier toutes les haines, toutes les dissentions et n'avoir qu'un seul sentiment, celui de combatre pour la patrie. A cet appel à l'honneur, chaque ville, chaque bourg, chaque village, répondit avec enthousiasme, et de nombreux bataillons créés comme par enchantement, firent bientôt oublier les pertes douloureuses de la dernière campagne. Mais hélas! encore une fois le courage de tant de braves devoit donc être inutile.

Bonaparte, fidèle à son système de perfidie, se propose de déguiser les forces de l'ennemi. Il part donc le 26 janvier 1814, et le second de ses bulletins annonce ainsi une victoire complète.

« L'empereur a rencontré le corps du général Blucher, et après deux heures de combat tout l'armée ennemie a été culbutée, jamais nos troupes n'ont montré plus d'ardeur.

L'ennemi, enfoncé de toutes parts est dans une déroute complète, infanterie, artillerie, munitions, tout est en notre pouvoir ou culbuté. Les résultats en sont immenses, l'armée russe est détruite. »

Il comptoit beaucoup aussi sur les soulèvemens qu'il pourroit exciter contre les armées alliées, en leur imputant des vexations inouies, dont le récit remplissoit les journaux, il vouloit organiser une guerre nationale, il se flattoit que le sentiment de terreur qu'inspire toujours l'appareil des armes, pourroit produire la même énergie qu'en Espagne; s'il parvenoit à l'exciter par la peinture exagérée des maux inséparables de la guerre. Mais c'étoit surtout les habitans de la capitale qu'il cherchoit à effrayer.

« Les habitans de Paris, disoit-il, dans son bulletin du 23 février, doivent s'attendre aux plus grands malheurs si l'ennemi parvenant à leurs portes ils lui livroient leur ville sans défense, le pillage, la dévastation et l'incendie finiroient les destinées de cette belle capitale. Persistant toujours dans cette dissimulation, il cachoit avec soin ses pertes; et ne parloit que de ses succès. Cerné de tous côtés, il ne put abuser plus long-temps la crédulité publique, et lorsque le moniteur annonçoit le 29 mars une victoire qui paroissoit importante à cinquante lieues de la capitale. Le canon des alliés se faisoit entendre sous ses murs. Toute défense alors devenant inutile, il ne fallut plus songer qu'à éviter par une capitulation honorable, toutes les horreurs que pouvoit entraîner sur Paris une plus longue résistance.

Quel fut donc l'étonnement des Parisiens, en trouvant dans les souverains alliés cette magnanimité, tie grandeur d'ame auxquelles ils ne pouvoient s'attendre d'après les récits mensongers d'un homme qui les avoit trompés sans cesse; en voyant dans ces armées si redoutées des peuples d'amis qui venoient les délivrer du joug affreux de l'oppression. Ce passage subit de la crainte la plus vive, à la joie la plus expressive ne peut se décrire, il faut pour s'en faire une idée en avoir été le témoin. Mais ce qui met le comble à l'enthousiasme, ce fut la certitude que l'on eut que le gouvernement tyrannique de l'oppresseur du genre humain alloit être remplacé par le gouvernement paternel du Souverain légitime, vers lequel se tournoient tous les vœux, se portoient toutes les pensées. Ah! ce fut alors que les Français redevinrent eux-mêmes. Tous les sentimens retenus si long-temps par la terreur, ne craignirent plus d'éclater, et reconnoissant, mais trop tard l'abyme dans lequel Bonaparte avoit plongé une nation fidèle, chacun se félicita d'un événement qui promettoit pour l'avenir une paix durable et un bonheur sans nuages.

Lorsque les alliés entrèrent dans Paris, le 30 mars, Bonaparte étoit à Fontainebleau à la tête d'une armée encore assez nombreuse, dont sa garde formoit une partie, il apprit le 4 avril que le sénat avoit décrété sa déchéance; il publia alors l'ordre du jour que l'on va lire :

Fontainebleau, le 14 avril 1814.

« L'empereur remercie l'armée pour l'attachement qu'elle lui témoigne, et principalement parce qu'elle reconnoît que la France est en *lui*, et non pas dans le peuple de la capitale. Le soldat suit la fortune ou l'infortune de son général, son honneur et sa religion. Le duc de Raguse n'a pas inspiré ces sentimens à ses compagnons d'armes, il est passé aux alliés. L'empereur ne peut approuver la condition sous laquelle il a fait cette démarche ; il ne peut accepter la vie, ni la liberté de la merci d'un sujet.

» Le sénat s'est permis de disposer du gouvernement français ; il a oublié qu'il doit à l'empereur le pouvoir dont il use maintenant ; que c'est lui qui a sauvé une partie de ses membres de l'orage de la révolution, tiré de l'obscurité et protégé l'autre contre la haîne de la nation. Le sénat se fonde sur les articles de la constitution pour la renverser ; il ne rougit pas de faire des reproches à l'empereur, sans remarquer que, comme le premier corps de l'état, il a pris part à tous les événemens.

» Il est allé si loin, qu'il a osé accuser l'empereur d'avoir changé des actes dans la publication. Le monde entier sait qu'il n'avoit pas besoin de tels artifices : un signe étoit un ordre pour le sénat, qui toujours faisoit plus qu'on ne désiroit de lui.

» L'empereur a toujours été accessible aux sages remontrances de ses ministres, et il attendoit d'eux, dans cette circonstance, la justification la plus indéfinie des mesures qu'il avoit prises.

» Si l'enthousiasme s'est mêlé dans les adresses et discours publics, alors l'empereur a été trompé ; mais ceux qui ont tenu ce langage doivent s'attribuer à eux-mêmes la suite de leurs flatteries.

» Le sénat ne rougit pas de parler des libelles contre les gouvernemens étrangers ; il oublie qu'ils furent rédigés dans son sein. Si long-temps que la fortune s'est montrée fidèle à leur souverain, ces hommes sont restés fidèles, et nulle plainte n'a été entendue sur les abus du pouvoir.

» Si l'empereur avoit méprisé les

hommes, comme on lui a reproché, alors le monde reconnoîtroit, aujourd'hui, qu'il a eu des raisons qui motivoient son mépris. Il tenoit sa dignité de Dieu et de la nation ; eux seuls pouvoient l'en priver. Il l'a toujours considérée comme un fardeau, et lorsqu'il l'accepta, ce fut dans la conviction que lui seul étoit à même de la porter dignement : son bonheur paroissoit être sa destination. Aujourd'hui que la fortune s'est décidée contre lui, la volonté de la nation seule pourrait le persuader de rester plus long temps sur le trône. S'il se doit considérer comme un obstacle à la paix, il fait volontiers ce dernier sacrifice à la France : il a, en conséquence, envoyé le prince de la Moskowa, et les ducs de Viceuce et de Tarente à Paris, pour entamer des négociations. L'armée peut être certaine que son honneur ne sera jamais en contradiction avec le bonheur de la France ».

Après huit jours de négociations il fut conclu un traité entre lui et les puissances alliées, et l'abdication qui va suivre fut une conséquence naturelle de ce traité.

Abdication.

» Les puissances alliées ayant proclamé que l'*empereur Napoléon* étoit le seul obstacle au rétablissement de la paix en Europe. L'*empereur Napoléon*, fidèle à son serment, déclare qu'il renonce, *pour lui et ses héritiers*, aux trônes de France et d'Italie, et qu'il n'est aucun sacrifice personnel, *même celui de la vie*, qu'il ne soit prê à faire à l'intérêt de la France ».

Fait au palais de Fontainebleau, le 11 avril 1814.

Signé NAPOLÉON.

Voici les adieux qu'il adressa à la

vieille garde avant de se séparer d'elle.

« Braves compagnons, je vous fais mes adieux: depuis vingt ans que nous sommes ensemble, je suis content de vous; je vous ai toujours trouvés sur le chemin de la gloire.....

» Toutes les puissances de l'Europe sont armées contre moi; une partie de mes généraux ont trahi leur devoir. La France même a trahi le sien. Avec vous et les braves qui me sont restés fidèles, jaurois pu entretenir pendant trois ans la guerre civile en France.....

» Soyez fidèles au nouveau roi que la France a choisie, soyez soumis à vos chefs, et n'abandonnez point votre patrie, *trop long-temps malheureuse*.

» Ne plaignez pas mon sort; je serai heureux lorsque je saurai que vous l'êtes vous-mêmes.

» J'aurais pu mourir, rien ne m'étoit plus facile; mais je veux suivre encore le chemin de la gloire: j'écrirai ce que nous avons fait. Je ne puis vous embrasser tous, mais j'embrasserai votre général. Venez, général.

(Il l'embrasse.)

» Qu'on apporte l'aigle et que je l'embrasse aussi. *(Il l'embrasse pareillement.)* Ah! cher aigle! que les baisers que je te donne retentissent dans la postérité....

» Adieu, mes enfans! adieu, mes braves! entourez-moi encore une fois ».

Napoléon, après son dernier traité, resta encore quelques jours à Fontainebleau, dont il partit le 20 avril, sous l'escorte de vingt-cinq cavaliers; il étoit accompagné du général Bertrand, son ami, et de quatre généraux des puissances alliées.

Le cortége prit la route de Lyon, par le Bourbonnais, passa par Avignon, où un rassemblement de furieux lui eut fait un mauvais parti sans la prudence et la fermeté des officiers étrangers, qui, par la persuasion, parvinrent à dissiper la foule qui entouroit sa voiture.

Enfin, le 28 avril, Napoléon Bonaparte arrivé au port de Saint-Rapheau, en Provence, s'embarqua sur une frégate anglaise, qui le conduisit à l'île d'Elbe, où il fut reçu de la manière suivante :

Le 3 mai 1814, à six heures du soir, une frégate anglaise mouilla dans la rade de Porto-Ferajo ; elle mit à terre plusieurs officiers d'état-major, Russes, Anglais et Autrichiens, avec deux officiers Français, qui avoient accompagné l'ex-empereur Napoléon à bord de la frégate.

Un de ces officiers ayant officiellement notifié au commandant du port l'arrivée de ce fameux personnage, on fit, dans la nuit, des préparatifs pour le recevoir ; toutes les autorités furent convoquées pour assister, le lendemain, à la cérémonie de son entrée.

Le 4 au matin, un détachement de troupes apporta, dans la ville, un drapeau envoyé par le ci-devant empereur, et qui fut à l'instant arboré sur le fort de l'Étoile, au bruit de plusieurs salves d'artillerie. Ce drapeau étoit sur un fond blanc, parsemé d'abeilles, avec les armes de Bonaparte, réunie à celles de l'île par une barre rouge.

Peu de temps après, Bonaparte descendit à terre avec sa suite; il fut salué, par l'artillerie des forts; de cent un coup de canon : la frégate anglaise répondit par vingt-quatre coups à cette salve. Napoléon étoit vêtu d'une redingotte bleue par-dessus un habit richement brodé en argent; il portoit une décoration particulière, et paroissoit jouir de la meilleure santé. A son entrée dans la ville, les troupes étant sous les armes, il fut reçu par les différentes autorités, par le clergé; et un grand nombre d'habitans que la curiosité avoit attirés à ce spectacle.

Après une courte harangue, le maire lui présenta les clefs de la ville. Bonaparte se rendit ensuite avec son cortége militaire, civil et ecclésiastique ; à la cathédrale, où l'on chanta un *Te Deum*.

A la sortie de l'église, il fut conduit au palais de la mairie, qui étoit provisoirement destiné pour son habitation. Il y fut de nouveau complimenté par les autorités et les employés supérieurs; il parla à chacun avec une extrême gaîté, faisant différentes questions relatives au pays.

On remarque entre autres les phrases suivantes :

« Lorsque j'eus la certitude que la guerre ne se faisoit plus à la France, mais *à moi*; j'étois trop attaché à cet

État pour ne pas faire tout ce qui lui étoit le plus convenable. L'abdication du trône est pour moi un léger sacrifice, s'il doit être utile à la France. J'ai abdiqué de bonne volonté. «

Après quelques instans de repos, il monta à cheval, et alla visiter avec toute sa suite, Marciana, Campo, Capo-Liveri et Rio. De retour à Porto-Ferrajo, il donna un grand dîner à toutes les autorités. Le même jour on publia la proclamation suivante :

» Habitans de l'île d'Elbe,

» Les viscissitudes humaines ont conduit au milieu de vous l'empereur Napoléon; et son propre choix vous le donne pour souverain. Avant d'entrer dans vos murs, votre auguste et nouveau monarque m'a adressé les paroles suivantes, que je m'empresse de vous faire connoître, parce qu'elles sont le gage de votre bonheur futur.

» *Général, j'ai sacrifié mes droits à la patrie, et je me suis réservé la propriété et souveraineté de l'le d'Elbe; toutes les puissances ont consenti à cet arrangement. Faites connoître aux habitans oet état de choses, et le choix que j'ai fait de leur île pour mon séjour, en considératiou de la douceur de leurs mœurs et de leur climat. Dites-leur qu'ils seront l'objet de mon intérêt le plus vif......* «

» Habitans de l'île d'Elbe, ces paroles n'ont pas besoin de commentaire, elles formeront votre destinée. L'empereur vous a bien jugés. Je vous dois cette justice, et je vous la rends.

» Habitans de l'île d'Elbe, je m'éloignerai bientôt de vous : cet éloignement me sera pénible, parce que je vous aime sincérement; mais l'idée de votre bonheur adoucit l'amertume de mon départ; et, en quelque lieu que je puisse être, je me rapprocherai toujours de cette île, par le souvenir des vertus de ses habitans.

» Porto-Ferrajo, 4 mai 1814.

» *Le général de brigade*,

Signé DALESME.

La France après tant de secousses politiques, venoit enfin par ce traité de reconquérir tous les liens sociaux qui l'avoient autrefois unis aux puissances de l'Europe, et l'aurore d'un bonheur sans nuage sembloit lui promettre pour l'avenir les bienfaits d'une paix durable, rendue à son souverain légitime, à ce prince dont le nom rappelle toutes les vertus de saint Louis et d'Henri IV. Elle se félicitoit d'un événement qui r'ouvroit pour elle les sources du commerce et de l'industrie, séchoit les plages de l'état et lui donnoit cette prépondérance qu'elle avoit toujours eu dans la balance de l'Europe, sortie pour ainsi dire de ses ruines. Elle commençoit à respirer sous le gouvernement paternel de son Roi, et dix mois d'un bonheur continu faisoit assez connoître ce que l'on avoit à espérer par la suite, d'un prince qui ne s'occupoit que de la félicité de ses sujets. Les puissances alliées étoient rentrées dans leur patrie, et se félicitoient d'avoir contribué à la paix générale, et ne se doutoient pas qu'elles seroient encore une fois obligées de reprendre les armes, pour en chasser un homme, que ni la foi des sermens, ni les sentimens de l'honneur ne purent retenir dans la retraite qui lui avoit été accordée. Du haut de son rocher, Bonaparte conspiroit encore sourdement contre la France, et, le 5 mars 1815, on le vit aborder sur les rives d'un pays où il avoit laissé tant de tristes et si cruels souvenirs..... Secondé par une vile populace et par des généraux parjures, il usurpa une seconde fois un trône qu'il avoit déjà souillé par tant de crimes, et força le meilleur des Rois et son auguste famille à chercher encore une retraite dans les pays étrangers. A la nouvelle de cet horrible attentat, la France entière frémit de retomber encore sous le joug de fer d'un homme qui ramenoit à sa suite tous les fléaux destructeurs de l'humanité; chacun gémissoit en secret du sort infortuné d'un prince dont on avoit en si peu de temps apprécié toutes les vertus : tous les vœux se reportoient sur Louis XVIII, et toutes les craintes sur Bonaparte. Ce dernier, aidé de ses infâmes affidés, mettoit en usage ce que la calomnie a de plus atroce, et le mensonge de plus grossier, pour anéantir l'intérêt que l'on portoit à une famille trop long-temps méconnue;

mais au contraire de telles ruses ne servoient qu'à l'exciter encore.

Un cri d'indignation avoit retenti dans toute l'Europe, et les puissances reprirent les armes, pour chasser de nouveau l'usurpateur. Bientôt leurs innombrables phalanges parurent sur nos frontières ; Bonaparte qui étoit parvenu à inspirer un enthousiasme digne d'une plus juste cause, voulut opposer une digue au torrent qu'il voyoit prêt à fondre sur lui. Il rassembla, de son côté, une armée considérable, composée de braves, séduits par un faux prestige de gloire et par les promesses fallacieuses d'un homme qui avoit tant de fois abusé de leur bravoure et de leur crédulité.

Je vais citer ici les astucieuses proclamations qu'il adressa à l'armée ainsi qu'au peuple français. Je ferai suivre ces deux morceaux du détail de son retour à Paris. Le lecteur jugera combien il abusoit le peuple par des récits mensongers, en lui faisant croire que partout sur la route les citoyens enthousiasmés voloient à sa rencontre.

PROCLAMATION.

NAPOLÉON, par la grâce de Dieu et des Constitutions de l'Empire, Empereur des Français, etc., etc.

A L'ARMÉE.

SOLDATS! *Nous n'avons point été vaincus.*

Deux hommes sortis de nos rangs ont trahi nos lauriers, leur prince leur bienfaiteur.

Ceux que nous avons vus pendant vingt-cinq ans parcourir toute l'Europe, pour nous susciter des ennemis qui ont passé leur vie à combattre contre nous dans les rangs des armées étrangères, en maudissant notre belle France, prétendroient-ils commander et enchaîner nos aigles, eux qui n'ont jamais pu en soutenir les regards ? Souffrirons-nous qu'ils héritent de nos glorieux travaux ; qu'ils s'emparent de nos honneurs, de nos biens ; qu'ils calomuient notre gloire ? Si leur règne duroit, tout seroit perdu, même le souvenir de ces immortelles journées. Avec quel acharnemeut ils les dénaturent ! Ils cherchent à empoisonner ce que le monde admire ; et s'il reste encore des défenseurs de notre gloire, c'est parmi ces mêmes ennemis que nous avons combattu sur le champ de bataille.

Soldats ! dans mon exil j'ai entendu votre voix, je suis arrivé à travers tous les obstacles et tous les périls.

Votre général, appelé au trône par le choix du peuple, et élevé sur vos pavois, vous est rendu : Venez le joindre.

« Arrachez ces couleurs que la nation a proscrites, et qui pendant vingt-cinq ans servirent de ralliement à tous les ennemis de la France. Arborez cette cocarde tricolore; vous la portiez dans ces grandes journées.

« Nous devons oublier que nous avons été les maîtres des nations; mais nous ne devons pas souffrir qu'aucune se mêle de nos affaires. Qui prétendroit être maître chez nous? qui en auroit le pouvoir? Reprenez ces aigles que vous aviez à Ulm, à Austerlitz, à Jéna, à Eylau, à Friedland, à Tudella, à Eckmulh, à Esling, à Wagram, à Smolensk, à la Moskowa, à Lutzen, à Wurchen, à Montmirail. Pensez-vous que cette poignée de Français, aujourd'hui si arrogans, puissent en soutenir la vue? Ils retourneront d'où ils viennent, et là, s'ils veulent, ils régneront comme ils prétendent l'avoir fait depuis dix-neuf ans.

« Vos rangs, vos biens, votre

gloire, les biens, les rangs et la gloire de vos enfans n'ont pas de plus grands ennemis que ces princes que les étrangers nous ont imposés; ils sont les ennemis de notre gloire, puisque le récit de tant d'actions héroïques qui ont illustré le peuple français, combattant contre eux, est leur condamnation.

« Les vétérans de l'armée de Sambre-et-Meuse, du Rhin, d'Italie, d'Egypte, de l'Ouest, de la grande armée sont humiliés; leurs honorables cicatrices sont flétries: leurs succès seroient des crimes, ces braves seroient des rebelles, si, comme le prétendent les ennemis du peuple, les souverains légitimes étoient au milieu de l'ennemi. Les honneurs, les récompenses, leurs affections sont pour ceux qui les ont servis contre la patrie et contre nous.

« Soldats! venez vous ranger sous les drapeaux de votre chef. Son existence ne se compose que de la vôtre, ses droits ne sont que ceux du peuple et les vôtres ; son intérêt, son honneur et sa gloire ne sont autres que votre intérêt, votre honneur et votre gloire. La victoire marchera au pas de charge ; l'aigle, avec les couleurs nationales, volera de clocher en clocher jusqu'aux tours Notre-Dame : alors vous pourrez vous vanter de ce que vous aurez fait : vous serez les libérateurs de la patrie.

« Dans votre vieillesse, entourés et considérés de vos concitoyens, ils vous entendront avec respect raconter vos hauts faits. Vous pourrez dire avec orgueil : *Et moi aussi je faisois partie de cette Grande-Armée* qui est entrée deux fois dans les murs de Vienne, dans ceux de Berlin, de Madrid, de Moscou, et qui a délivré Paris de la souillure que la trahison et la présence de l'ennemi y avoient empreinte. Honneur à ces braves soldats, la gloire de la patrie, et honte éternelle aux Français criminels, dans quelque rang que la fortune les ait fait naître, qui combattirent vingt-cinq ans avec l'étranger pour déchirer le sein de la patrie ! »

Signé NAPOLÉON.

Le grand-maréchal faisant fonction de major-général de la grande-armée,

Signé, comte Bertrand.

Au golfe Juan, le 1er. mars 1815.

PROCLAMATION.

NAPOLÉON, par la grâce de Dieu et les Constitutions de l'Empire, Empereur des Français, etc., etc.

Au Peuple Français.

« Français ! la défection du duc de Castiglione livra Lyon sans défense à nos ennemis; l'armée dont je lui avais confié le commandement étoit, par le nombre de ses bataillons, la bravoure et le patriotisme des troupes qui la composoient, à même de battre le corps autrichien qui lui étoit opposé, et d'arriver sur les derrières du flanc gauche de l'armée ennemie qui menaçoit Paris.

« Les victoires de Champ-Aubert, de Montmirail, de Château-Thierri, de Vauchamp, de Mormans, de Montereau, de Craone, de Reims, d'Arcy-sur-Aube, de Saint-Dizier; l'insurrection des braves paysans de la Lorraine, de la Champagne, de l'Alsace, de la Franche-Comté et de la Bourgogne, et la position que j'avois prise sur les derrières de l'armée ennemie, en la séparant de ses magasins, de ses parcs de réserve, de ses convois et de tous ses équipages, l'avoit placée dans une situation désespérée. Les Français ne furent jamais sur le point d'être plus puissans, et l'élite de l'armée ennemie étoit perdue sans ressources; elle eût trouvé son tombeau dans ces vastes contrées qu'elle avoit si impitoyablement ravagées, lorsque le duc de Raguse livra la capitale et désorganisa l'armée. La conduite inattendue de ces deux généraux qui trahirent à-la-fois leur patrie, leur prince et leur bienfaiteur, changea le destin de la guerre. La situation désastreuse de l'ennemi étoit telle, qu'à la fin de l'affaire qui eut lieu devant Paris, il étoit sans munitions par la séparation de ses parcs de réserve.

« Dans ces nouvelles et grandes circonstances, mon cœur fut déchiré; mais mon ame resta inébranlable. Je ne consultai que l'intérêt de la patrie, je m'exilai sur un rocher au milieu des mers; ma vie vous étoit et devoit encore vous être utile. Je ne permis pas que le grand nombre de citoyens qui vouloient m'accompagner partageassent mon sort ; je crus leur présence utile à la France, et je n'emmenai avec moi qu'une poignée de braves nécessaires à ma garde.

« Elevé au trône par votre choix, tout ce qui a été fait sans vous est illégitime. Depuis vingt-cinq ans la France a de nouveaux intérêts, de nouvelles institutions, une nouvelle gloire qui ne peuvent être garantis que par un gouvernement national et par une dynastie née dans ces nouvelles circonstances.

« Un prince qui régneroit sur vous ; qui seroit assis sur mon trône par la force des mêmes armes qui ont ravagé notre territoire, chercheroit en vain à s'étayer des principes du droit féodal ; il ne pourroit assurer l'honneur et les droits que d'un petit nombre d'individus, ennemis du peuple qui depuis vingt-cinq ans, les a condamnés dans toutes nos assemblées nationales. Votre tranquillité intérieure et votre considération extérieure seroient perdues à jamais.

« Français ! dans mon exil, j'ai entendu vos plaintes et vos vœux ; vous réclamiez ce gouvernement de votre choix qui seul est légitime. Vous accusiez mon long sommeil, vous me reprochiez de sacrifier à mon repos les grands intérêts de la patrie.

« J'ai traversé les mers au milieu des périls de toute espèce ; j'arrive parmi vous reprendre mes droits qui sont les vôtres. Tout ce que des individus ont fait, écrit ou dit depuis la prise de Paris, je l'ignorerai toujours ; cela n'influera en rien sur les souvenirs que je conserve des services importans qu'ils ont rendus ; car il est des événemens d'une telle nature, qu'ils sont au-dessus de l'organisation humaine.

« Français ! il n'est aucune nation, quelque petite qu'elle soit, qui n'ait eu le droit et ne se soit soustraite au deshonneur d'obéir à un prince imposé par un ennemi momentanément victorieux. Lorsque Charles VII entra à Paris, et renversa le trône éphémère de Henri VI, il reconnut tenir son trône de la vaillance de ses braves, et non d'un prince régent d'Angleterre.

« C'est aussi à vous seuls et aux braves de l'armée, que je fais et ferai toujours gloire de tout devoir. »

Signé NAPOLÉON.

Par l'Empereur :

Le grand-maréchal faisant fonction de major-général de la grande-armée.

Signé comte BERTRAND.

Détails sur le retour de l'ex-empereur à Paris.

Le 26 février, à cinq heures du soir, Napoléon s'embarqua sur un brick portant vingt-six canons, avec quatre cents hommes de sa garde. Trois autres bâtimens qui se trouvoient dans le port, et qui furent saisis, reçurent deux cents hommes d'infanterie, cent chevau-légers polonais, et le bataillon des flanqueurs, de deux cents hommes. Le vent étoit du sud et paroissoit favorable. Le capitaine Chantard avoit espoir qu'avant la pointe du jour, l'île de Capraïa seroit doublée, et qu'on seroit hors des croisières françaises et anglaises, qui observoient de ce côté. Cet espoir fut déçu. On avoit à peine doublé le cap Saint-André de l'île d'Elbe, que le vent mollit, la mer devint calme; à la pointe du jour, on n'avoit fait que six lieues, et l'on étoit encore entre l'île de Capraïa et l'île d'Elbe, en vue des croisières.

Le péril paroissoit imminent. Plusieurs marins étoient d'opinion de retourner à Porto-Ferrajo. Napoléon ordonna qu'on continuât la navigation, ayant pour ressource, en dernier événement, de s'emparer de la croisière française. Elle se composoit de deux frégates et d'un brick; mais tout ce qu'on savait de l'attachement des équipages à la gloire nationale, ne permettoit pas de douter qu'ils arboreroient le pavillon tricolore et se rangeroient de notre côté. Vers midi, le vent fraîchit. A quatre heures après-midi, on se trouva à la hauteur de Livourne. Une frégate paroissoit à cinq lieues sous le vent, une autre étoit sur les côtes de Corse, et de loin, un bâtiment de guerre venait droit vent arrière à la rencontre du brick. A six heures du soir, le brick que montoit l'ex-empeureur se croisa avec un brick qu'on reconnut être le *Zéphir*, monté par le capitaine Andrieux, officier distingué autant par ses talens, que par son véritable patriotisme. On proposa d'abord de parler au brick, et de lui faire arborer le pavillon tricolore. Cependant l'ex-empereur donna ordre aux soldats de la garde d'ôter leurs bonnets, et de se cacher sur le pont, préférant passer à côté du brick sans se laisser reconnoître, et se réservant le parti de le faire changer de pavillon, si on était obligé d'y recourir. Les deux bricks passèrent bord-à-bord. Le lieutenant de vaisseau Taillade, officier de la marine française, étoit très-connu du capitaine Andrieux, et dès qu'on fut à portée, on parlementa. On demanda au capitaine Andrieux s'il avoit des commissions pour Gênes; on se fit quelques honnêtés, et les deux bricks allant en sens contraire, furent bientôt hors de vue, sans que le capitaine Andrieux se doutât de ce que portoit ce frêle bâtiment.

Dans la nuit du 27 au 28, le vent continua de fraîchir. A la pointe du jour, on reconnut un bâtiment de soixante-quatorze, qui avoit l'air de se diriger, ou sur Saint-Florent, ou sur la Sardaigne. On ne tarda pas à s'apercevoir que ce bâtiment ne s'occupoit pas du brick.

Le 28, à sept heures du matin, on découvrit les côtes de Noli; à midi, Antibes; à trois heures, le 1er. mars, on entra dans le golfe de Juan. Napoléon ordonna qu'un capitaine de la garde, avec vingt-cinq hommes, débarquât avant la garnison du brick, pour s'assurer de la baterie de côte, s'il en existoit une. Ce capitaine conçut, de son chef, l'idée de faire changer de cocarde au bataillon qui étoit dans Antibes. Il se jeta imprudemment dans la place. L'officier qui y commandoit pour le roi, fit lever le pont-levis et fermer les portes. Sa troupe prit les armes; mais elle eut respect pour ces vieux soldats et pour leur cocarde, qu'elle chérissoit. Cependant l'opération du capitaine échoua, et ces hommes restèrent prisonniers dans Antibes. A cinq heures après midi, le débarquement au golfe Juan étoit achevé. On établit un bivouac au bord de la mer, jusqu'au lever de la lune.

A onze heures du soir, Napoléon se mit à la tête de cette poignée de braves, au sort de laquelle étoient attachées de si grandes destinées. Il se rendit à Cannes, de là à Grasse et par Saint-Vallier; il arriva dans la soirée du 2, au village de Cérénon, ayant fait vingt lieues dans cette première journée. Le peuple de Cannes reçut l'ex-empereur avec des sentimens qui furent le premier présage du succès de l'entreprise. Le 3, il coucha à Barême ; le 4, il dîna à Digne. De Castellane à Digne ; et dans tout le département des Basses-Alpes, les paysans, instruits de sa marche, accouroient de tous côtés sur la route, et manifestoient leurs sentimens avec une énergie qui ne laissoit plus de doutes. Le 5, le général Cambronne, avec une avant-garde de quarante grenadiers, s'empara du pont et de la forteresse de Sistéron. Le même jour, l'ex-empereur coucha à Gap, avec dix hommes à cheval et quarante grenadiers.

L'enthousiasme qu'inspiroit la présence de Napoléon aux habitans des Basses-Alpes ; la haine qu'ils portoient à la noblesse, faisoient assez comprendre quel étoit le vœu de ces hommes agrestes. A deux heures après-midi, le 6, Napoléon partit de Gap, et une grande partie de la population de la ville étoit sur son passage.

A Saint-Bonnet, les babitans voyant le petit nombre de sa troupe, eurent des craintes et proposèrent à l'empereur de sonner le tocsin pour réunir les villages et l'accompagner en masse. » Non, dit l'ex-empereur, vos sentimens me font connoître que je ne me suis pas trompé. Ils sont pour moi un sûr garant des sentimens de mes soldats. Ceux que je rencontrerai se rangeront de mon côté; plus ils seront, plus mon succès sera assuré. Restez-donc tranquilles chez vous! « On avoit imprimé à Gap plusieurs milliers de proclamations adressées par l'empereur à l'armée et au peuple et de celles des soldats de la garde à leurs camarades. Ces proclamations se répandirent avec la rapidité de l'éclair dans tout le Dauphiné. Le même jour, Napoléon vint coucher à Gorp. Les quarante hommes d'avant-garde du général Cambronne, allèrent coucher jusqu'à Mûre; ils se rencontrerent avec l'avant-garde d'une division de six mille hommes de troupes de ligne, qui venoient de Grenoble pour arrêter leur marche. Le général Cambronne voulut parlementer avec les avant-postes, on lui répondit qu'il y avoit défense de communiquer. Cependant cette avant-garde de la division de Grenoble, recula de trois lieues, et vint prendre position entre les lacs, au village de..... L'ex-empereur, instruit de cette circonstance, se porta sur les lieux; il trouva sur la ligne opposée un bataillon du cinquième de ligne, une compagnie de sapeurs, une compagnie de mineurs, en tout sept à huit cents hommes. Il envoya un officier d'ordonnance, le chef d'escadron Roul, pour faire connoître à ces troupes la nouvelle de son arrivée; mais cet officier ne pouvoit se faire entendre : on lui opposoit toujours la défense qui avoit été faite de communiquer. Napoléon mit pied à terre et alla droit au bataillon, suivi de la garde portant l'arme sous le bras. Il se fit connoître, et dit que le premier soldat qui voudroit tuer son empereur, le pouvoit. Le cri de *vive l'empereur!* fut leur réponse. Ce régiment avoit été sous les ordres de Bonaparte, dès ses premières campagnes d'Italie. La garde et les soldats s'embrassèrent. Les soldats du cinquième arrachèrent sur-le-champ leur cocarde, et prirent avec la larme à l'œil, la cocarde tricolore. Lorsqu'ils furent rangés en bataille, l'ex-empereur leur dit :

» Je viens avec une poignée de braves, parce que je compte sur le peuple et sur vous. . . . .

» Demandez à vos pères, interrogez tous ces habitans qui arrivent ici des environs, vous apprendrez de leur propre bouche la véritable situation des choses; ils sont menacés du retour des dîmes, des privilèges, des droits féodaux et de tous les abus dont vos succès les avoient délivrés. N'est-il pas vrai, paysans? — Oui, sire, répondent quelques-uns. On vouloit nous attacher à la terre. Vous venez, comme l'Ange du Seigneur, pour nous sauver! »

Les soldats du cinquième demandèrent à marcher les premiers sur la division qui couvroit Grenoble. On se mit en marche au milieu de la foule des habitans, qui s'augmentoit à chaque instant. Vizille se distingua par son enthousiasme. » C'est ici qu'est née la révolution, disoient ces gens, c'est nous qui, les premiers, avons osé réclamer les priviléges des hommes; c'est encore ici que ressuscite la liberté française, et que la France recouvre son honneur et son indépendance! »

Quelque fatigué que fût Napoléon, il voulut entrer le soir même dans Grenoble. Entre Vizille et Grenoble, le jeune adjudant-major du septièms de ligne vint annoncer que le colonel Labédoyère; profondément navré du deshonneur qui couvroit la France, et déterminé par les circonstances, s'étoit détaché de la division de Grenoble, et venoit avec le régiment au pas accéléré à la rencontre de l'ex-empereur. Une demi-heure après, ce régiment vint doubler la force des troupes impériales. A neuf heures du soir, Napoléon fit son entrée dans le faubourg.

On avoit fait rentrer les troupes dans Grenoble, et les portes de la ville étoient fermées. Les remparts qui devoient défendre cette ville étoient couverts par le troisième régiment du génie, composé de deux mille sapeurs, tous vieux soldats couverts d'honorables blessures; par le quatrième d'artillerie de ligne, ce même régiment où, vingt-cinq ans auparavant, Bonaparte avoit été fait capitaine; par les deux autres bataillons du cinquième de ligne; par le onzième de ligne, et les hussards du quatrième. La garde nationale et la population entière de Grenoble, étoient placées derrière la garnison, et faisoient retentir l'air des cris de *vive l'empereur!* On enfonça les portes, et à dix heures du soir, Napoléon entra dans Grenoble au milieu d'une armée et d'un peuple séduit, dont l'exaltation étoit extrême. Le lendemain l'ex-empereur fut harangué par la municipalité et par les autorités départementales.

A deux heures, Napoléon passa la revue de ces troupes au milieu de la population de tout le département, aux cris de : *A bas les ennemis du peuple ! Vive l'empereur !*

La garnison de Grenoble, immédiatement après, se mit en marche forcée pour se porter sur Lyon.

Le 9, l'ex-empereur coucha à Bourgoin. La foule et l'enthousiasme alloient, s'il étoit possible, en augmentant. » Il y a long-temps que nous vous attendions, disoient ces gens à Napoléon. Vous voilà donc enfin arrivé pour délivrer la France de l'insolence (1) de la noblesse, des prétentions des prêtres, et de la honte de l'étranger ! » De Grenoble à Lyon, la marche de l'ex-empereur ne fut qu'un triomphe.

Cependant le comte d'Artois, le duc d'Orléans et plusieurs maréchaux

---

(1) Il est bon de remarquer que ces gens simples n'en vouloient à la noblesse et au clergé, que par la crainte de payer les dîmes.

étoient arrivés à Lyon.... On vouloit couper le pont de la Guillotière et le pont Morand. Napoléon rioit de ces préparatifs; il ne pouvoit avoir de doutes sur le succès, encore moins sur la discipline des soldats. Cependant il avoit ordonné au général Bertrand de réunir des bateaux à Mirbel; dans l'intention de passer dans la nuit, et d'intercepter les routes de Moulins et de Mâcon au prince qui vouloit lui interdire le passage du Rhône. A quatre heures, une reconnaissance du quatrième des hussards arriva à la Guillotière, aux acclamations de l'immense population de ce faubourg.

Le passage de Mirbel fut contremandé, et l'Empereur se porta au galop sur Lyon, à la tête des troupes qui devoient lui en défendre l'entrée.....

Le comte d'Artois monta en voiture, et quitta Lyon, escorté d'un seul gendarme. A neuf heures du soir l'ex-empereur traversa la Guillotière presque seul. Le lendemain 11, il passa la revue de toute la division de Lyon, et se mit en marche pour avancer sur la capitale. Le 13, à trois heures après midi, Napoléon arriva à Villefranche, petite ville de quatre mille âmes, qui en renfermait en ce moment plus de soixante mille. Il s'arrêta à l'hôtel-de-ville. Un grand nombre de militaires blessés lui furent présentés.

Il entra à Mâcon à sept heures du soir, toujours environné du peuple des cantons voisins. Il témoigna son étonnement aux Mâconnais du peu d'efforts qu'ils avoient faits dans la dernière guerre pour se défendre contre l'ennemi et soutenir l'honneur des Bourguignons. « Sire, répondirent-ils, pourquoi aviez-vous nommé un mauvais maire. »

A Tournus, l'ex-empereur n'eut que des éloges à donner aux habitans pour la belle conduite et le patriotisme qui, dans ces mêmes circonstances, ont distingué Tournus, Châlons et Saint-Jean-de-Lône. A Châlons qui, pendant quarante jours, a résisté aux forces de l'ennemi et défendu le passage de la Saône, l'ex-empereur s'est fait rendre compte de tous les traits de bravoure; et ne pouvant se rendre à Saint-Jean-de-Lône, il a du moins envoyé la décoration d'honneur au maire de cette ville. A cette occasion, l'empereur s'écria : « C'est pour vous, braves gens, que j'ai institué la légion d'honneur, et non pour les émigrés pensionnés de nos ennemis. »

L'ex-empereur reçut à Châlons la députation de la ville de Dijon, qui venait de chasser de son sein le préfet et le maire, dont la conduite, dans la dernière campagne, avoit mécontenté beaucoup de monde. Napoléon destitua ce maire, en nomma un autre, et confia le commandement de la division au général Devaux.

Le 15, l'ex-empereur vint coucher à Autun, et d'Autun il alla coucher le 16, à Avallon. Il trouva sur cette route les mêmes sentimens que dans les montagnes du Dauphiné. Il rétablit dans leurs places tous les fonctionnaires qui avoient été destitués pour avoir concouru à la défense de la patrie contre l'étranger. Les habitans de Chiffey étoient spécialement l'objet des persécutions d'un sous-préfet à Semur, pour avoir pris les armes contre les ennemis de notre pays. Napoléon a donné ordre à un brigadier de gendarmerie d'arrèter ce sous-préfet et de le conduire dans les prisons d'Avallon.

L'ex-empereur déjeûna le 17 à Vermanton, et vint à Auxerre où le préfet Gamot étoit resté fidèle à son poste. Le quatorzième avoit foulé aux pieds la cocarde blanche. L'empereur apprit que le sixième de lanciers avoit également arboré la cocarde tricolore, et se portait sur Montereau pour garder ce pont contre un détachement de gardes-du-corps qui vouloit le faire sauter. Mais ces jeunes gens ne se trouvant pas suffisamment en force, furent obligés de se replier, et on leur fit deux prisonniers.

A Auxerre, le comte Bertrand, major-général, donna ordre qu'on réunit tous les bateaux pour embarquer l'armée qui étoit déjà forte de quatre divisions, et la porter le soir même à Fossard, de manière à pouvoir arriver à une heure du matin à Fontainebleau. Avant de partir d'Auxerre, l'empereur fut rejoint par le prince de la Moscowa. Ce maréchal avoit fait arborer la cocarde tricolore dans tout son gouvernement. Napoléon arriva à Fontainebleau le 20, à quatre heures du matin ; à sept heures, il apprit que Louis XVIII et sa famille étoient partis de Paris, et que la capitale se trouvoit libre. Il partit sur-le-champ pour s'y rendre : et entra aux Tuileries à neuf heures du soir, au moment où on l'attendait le moins.

A peine Bonaparte se fut-il emparé, pour la seconde fois, du trône de France, qu'il ramena à sa suite tous les désastres qui avoient signalés son usurpation. En vain la saine partie de la Nation, fidelle à son souverain légitime, fit-elle tous ses efforts pour ramener les esprits abusés; rien ne pouvoit désiller les yeux de ceux qui, enthousiasmés d'une fausse gloire, faisoient consister celle de la patrie, dans un homme qui avoit causé sa perte. Bientôt les royalistes furent en proie aux insultes, aux outrages, aux proscriptions; et l'on vit de toutes parts l'homme vertueux aux prises, avec ce que la Nation renfermoit de plus immoral. Profitant de cette division d'opinions, Bonaparte décréte des levées générales, pour s'opposer aux nombreuses phalanges des puissances alliées, qui marchoient sur la Fraace; et parvint à rassembler de son côté des forces imposantes, afin de faire face à cette irruption. Il ordonna d'armer tout ce qui étoit en état de porter les armes, et fit faire autour de la Capitale des fortifications, creuser des fossés, etc.; la classe ouvrière du Peuple regularisée en troupes de ligne, sous le nom de fédérés, abandonna ses travaux, pour s'occuper d'exercices militaires, et les ateliers se fermèrent de nouveau.

Pendant tous ces inutiles préparatifs, les véritables Français gémissoient, en secret, sur les maux qu'ils voyoient prêts à fondre encore sur leur Patrie ; et redoubloient d'efforts, pour faire connoître par des écrits, nuitamment affichés, les intentions paternelles d'un souverain. qui avoit mieux aimé abandonner momentanément ses États, que de livrer ses sujets à toute les horreurs de la guerre civile.

Cependant l'heure de la vengeance avoit sonné, et le crime devoit enfin trouver sa juste punition, dans son triomphe éphémère. Déjà les puissances alliées avoient franchis les frontières; et Bonaparte étoit parti pour se mettre à la tête des armées, qu'il avoit rassemblées. Bientôt le combat s'engage, et le succès vint couronner sa première bataille. Enhardi par ce triomphe momentané, il crut qu'il pourroit fixer la victoire, mais la bataille de Mont-St.-Jean, qui fut glorieuse pour nos armées, et pourtant si funeste, vint pour jamais lui ravir toutes ses espérances : après des prodiges incalculables de valeur, la déroute se mit dans les rangs, et la témérité présomptueuse de son chef, anéantit, en un instant, une des plus belles armées dont se soit énorgueillie la France. Ainsi tant de braves dignes d'un meilleur sort, trouvèrent la mort sur un champ de bataille, qui auroit de nouveau illustré leurs armes, si Bonaparte, enivré d'un sot orgueil et d'une fausse présomption, n'eut pas rejeté les sages avis de ses généraux. Loin de chercher à rallier une armée qui s'étoit si courageusement défendue, Bonaparte eut la lâcheté de venir le premier dans la Capitale, annoncer sa défaite. Penétrée de l'horreur que lui inspiroit une telle conduite, et gémissant sur la perte de tant de Français, la chambre des soi-disant représentans du peuple, qu'il étoit parvenu à créer, le força à donner son abdication pour la seconde fois, d'un pouvoir qu'il avoit si indignement usurpé. Les puissances alliées poursuivant leur victoire, arrivèrent bientôt aux portes de la Capitale, dont une honorable capitulatiou leur ouvrit l'entrée.

Enfin, après trois mois d'oppression, de proscriptions en tout genre, les Français revirent le prince chéri, dont la bonté paternelle et les soins constants pouvoient seuls cicatriser tous les maux que l'usurpation avoit ramenés à sa suite. Aussi lâche dans l'adversité qu'insolent dans la prospérité; Bonaparte, pour conserver ses jours crut devoir implorer la loyauté du peuple français, en se remettant entre ses mains, préférant traîner une vie ignominieuse qu'il ne doit qu'au mépris, qu'a pour lui la nation généreuse qu'il à calomniée tant de fois si indignement, plutôt que de périr glorieusement sur le champ de bataille.

Napoléon partit de la Malmaison, le 29 juin, à quatre heures du soir, pour se rendre à Rochefort, où deux frégates devoient, par ordre du ministre de la marine, être mises à sa disposition pour le conduire aux Etats-Unis.

L'histoire ne manquera pas de recueillir toutes les particularités qui concernent l'homme extraordinaire qui, pendant plusieurs années, a fait trembler l'Europe entière, et contre qui l'Europe entière s'est liguée pour le renverser du trône. Après sa dernière abdication, elle remarquera sans doute ses adieux à son armée, consignés dans la lettre suivante.

« Soldats! en obéissant à la nécessité qui m'éloigne de la brave armée française, j'emporte l'heureuse certitude qu'elle justifiera par l'éminent service que la patrie attend d'elle, les éloges que nos ennemis même n'ont pu lui refuser.

« Soldats ! je suivrai vos démarches, quoiqu'absent. Je connais tous les corps, et pas un d'eux ne remportera un avantage signalé sur l'ennemi, que je ne lui tienne compte de la bravoure qu'il aura déployée. On uous a calomniés, vous et moi. Des hommes peu faits pour apprécier nos travaux, ont vu dans les marques d'attachement que vous m'avez données un zèle dont j'étois seul l'objet

« Que vos succès futurs leur apprennent que c'étoit la patrie, surtout, que vous serviez en m'obéissant, et que si j'ai quelque part à vos affections, je la dois à mon ardent amour pour la France, notre mère commune.

» Soldats ! encore quelques efforts, et la coalition est dissoute. Napoléon vous reconnoîtra aux coups que vous allez porter. Sauvez l'honneur, l'indépendance des Français. Soyez jusqu'à la fin les hommes que j'ai connus depuis vingt ans, et vous serez invincibles.

Signé NAPOLÉON Ier.

C'est donc de Rochefort qu'il expédia un parlementaire à bord du vaisseau anglais *le Bellerophon*, et c'est de ce bâtiment qu'il écrivit, à ce qu'on assure, la lettre suivante au régent d'Angleerre

Altesse Royale,

« En butte aux factions qui divisent mon pays : et à l'inimitié des plus grandes puissances de l'Europe, j'ai terminé ma carrière politique, et je viens, comme Témistocle, m'asseoir sur le foyer du peuple britannique : je me mets sous ses lois que je réclame de Votre Altesse Royale, comme le plus puissant, le plus constant et le plus généreux de mes ennemis. »

NAPOLÉON.

A bord du Bellérophon, le 15 juillet 1815.

Nota. Les principaux personnages embarqués avec Napoléon, furent :

Le lieutenant-général comte Bertrand, grand-maréchal du palais. — La comtesse Bertrand, et trois enfans. — Le lieutenant-général duc de Rovigo. — Le lieutenant-général Lallemant. — Le maréchal-de-camp baron Gourgaud, aide-de-camp de Napoléon. — Le maréchal-de-camp Montholon-Sémonville, aide-de-camp. — La comtesse Montholon-Sémonville, et un enfant. — Le comte de Lascases, conseiller-d'état, et son fils. — MM. de Resigny, Planat et Sclutz, chefs d'escadron. — MM. Pointkorski et Mercher, capitaines — M. Autric, lieutenant. — M. Maingault, chirurgien de Napoléon. — Plus : quarante individus des deux sexes, composant la suite de tous les passagers.

Nous allons rapporter ici les détails de l'embarcation de Bonaparte, et de qu'elle manière il se rendit à la croisière anglaise ; ainsi que d'autres faits relatifs à son départ pour l'île de Saint-Hélène.

Des mesures avoient été prises pour prévenir l'évasion de Napoléon Bonaparte; on verra par les extraits suivans et par une lettre du préfet maritime de Rochefort à S. Ex. le ministre de la marine, que le résultat a été tel qu'on avoit lieu de l'espérer.

Rochefort, le 14 juillet, dix heures du soir.

» Pour exécuter les ordres de V. Ex., je me suis embarqué dans mon canot, accompagné de M. le baron Ricard, préfet de la Charente Inférieure. Les rapports de la rade de la journée du 14, ne m'étoient point encore parvenus; il me fut rendu compte par le capitaine de vaisseau Philibert, commandant la frégate l'*Amphitrite*, que Bonaparte s'étoit embarqué sur le brick l'*Epervier*. armé en parlementaire, déterminé à se rendre à la croisière anglaise.

» En effet, au point du jour nous le vîmes manœuvrer pour s'approcher du vaisseau anglais, *le Bellerophon*, commandé par le capitaine Maitland, qui, voyant que Bonaparte se dirigeoit sur lui, avoit arboré pavillon blanc au mât de misaine.

» Bonaparte a été reçu à bord du vaisseau anglais, ainsi que les personnes à sa suite : l'officier que j'avois laissé en observation, m'avoit informé de cette importante nouvelle, quand le général Becker, arrivé peu de momens après, me l'a confirmée. »

Signé BONNEFOUX,

Capitaine de vaisseau, préfet maritime.

C'est ainsi que, sous le réfuge du pavillon blanc, Bonaparte a terminé, à bord du vaisseau anglais *le Bellero-*

phon, l'entreprise conçue par lui, et exécutée à l'aide de MM. Labédoyère, Ney, Bassano, Lavalette, Savary, Bertrand, d'Erlon, Regnauld de Saint-Jean-d'Angely, Lefèvre-Desnouettes, Boulay de la Meurthe, Defermont, Étienne, et mesdames Hortense Souza et Hamelin.

Extrait de la correspondance officielle du préfet maritime de Rochefort.

Rochefort, le 17 juillet 1815.

Monseigneur, j'ai l'honneur d'informer V. Ex. que le vaisseau de Sa Majesté britannique *le Bellerophon*, à bord duquel Napoléon Bonaparte s'est embarqué le 15 de ce mois, a fait voile pour l'Angleterre hier 16, à une heure après midi.

Ce vaisseau emporte, outre ce personnage, toutes les personnes qui se sont attachées à son sort : la liste en est ci-jointe; elles avoient d'abord été réparties sur les frégates *la Saale* et *la Méduse ;* passées ensuite le 14 au soir sur le brick *l'Epervier* et la goëlette *la Sophie*, elles ont été versées à bord des embarcations de la division angloise commandée par l'amiral sir Henry Hotham.

Signé, le baron BONNEFOUX.

A S. Ex. le ministre secrétaire-d'État du département de la marine et des colonies.

Rapport fait à S. Exc. le ministre de la marine et des colonies, par le capitaine de frégate Rigny, envoyé en mission à Rochefort.

Monseigneur, j'ai l'honneur de rendre compte à V. Exc. des renseignemens que j'ai recueillis et qui sont relatifs à la mission dont je viens d'être chargé à Rochefort.

En arrivant dans ce port, le 18 matin, j'appris que Napoléon Bonaparte étoit parti pour l'Angleterre sur le vaisseau de S. M. britannique *le Bellerophon*, capitaine Maitland, le 16 juillet, à une heure et demie après midi.

Mes instructions me prescrivant d'avoir à ce sujet des communications officielles avec M. l'amiral Hotham, commandant la station anglaise, je m'empressai de lui écrire en lui adressant en même temps des dépêches de M, Croker, secrétaire de l'amirauté d'Angleterre, dont j'étois porteur. Ces lettres furent remises à M. l'amiral, par M. le lieutenant de vaisseau Fleurian, que V. Exc. avoit bien voulu m'adjoindre.

Il résulte des différentes communications que j'ai eues avec M. l'Amiral anglais et M. le préfet maritime, que Napoléon, arrivé à Rochefort le 3 juillet, s'est établi à la préfecture maritime jusqu'au 8. Pressé par le général Becker qui avoit été chargé de l'escorter jusqu'à bord, et par M. le baron Bonnefoux, préfet maritime, de profiter de toutes les occasions qu'offroient le vent et la marée, il se décida enfin à s'embarquer dans les canots qui l'attendoient à chaque marée, et se rendit à dix heures du soir à bord de *la Saal*, et fit partager sa suite sur cette frégate et sur *la Méduse*.

Le lendemain 9, il débarqua sur l'île d'aix et en visita les fortifications.

Le 10, les vents étoient favorables pour prendre le large, mais la croisière anglaise et le clair de lune ne laissoient aux frégates que peu d'espoir d'échaper.

Du 10 au 11, Napoléon expédia

en parlementaire à bord du vaisseau anglais *le Bellerophon*, MM. le général Savary et Las-Cases. Le parlementaire fut de retour le 11.

Du 11 au 12, Napoléon apprit de son frère Joseph la dissolution des chambres et l'entrée du Roi à Paris. Jusqu'à ce dernier moment, Bonaparte avoit souvent énoncé l'opinion que les chambres le rappelleroient, soit qu'il voulut ainsi en imposer aux autorités qui l'environnoient, soit qu'il nourrit effectivement cette espérance.

Le 12, il descendit sur l'île d'Aix avec sa suite et ses bagages, et dans la nuit du 12 au 13, deux bateaux demi-pontés y arrivèrent de la Rochelle. Il paraît que Napoléon les avoit fait acheter dans l'intention de s'y embarquer et d'essayer de gagner, à la faveur de la nuit, un amak danois avec lequel on suppose qu'il avoit traité, et qui devoit l'attendre à 3o ou 40 lieues au large. On ignore pourquoi il ne profita pas de ces dispositions; sans doute elles lui parurent trop hasardeuses.

Dans la nuit du 13 au 14, il se rendit à bord du brick français *l'Epervier;* et le 14 au soir, le général Becker, qui avoit été parlementer à bord de la station anglaise, étant de retour, Napoléon fit embarquer sa suite et ses bagages sur *l'Epervier*.

Le 15 au matin, ce bâtiment fut fut aperçu faisant voile *en parlementaire* vers le vaisseau amiral; l'état de la mer ne lui permettant pas de s'en approcher rapidement, les embarcations anglaises vinrent au-devant de lui et transportèrent les passagers à bord du *Bellerophon*. Dans cette circonstance, le lieutenant de vaisseau Jourdan, commandant *l'Epervier*, a cru devoir demander et a obtenu en effet du capitaine du *Bellerophon*, une attestation écrite de la translation de Bonaparte à bord de ce vaisseau.

Le même jour, une frégate de la station anglaise apparcilla faisant voile pour l'Angleterre.

Le 16, le vaissean *le Bellerophon* mit à la voile à une heure et demie après midi. La faiblesse et la direction du vent qui a régné depuis ne permet pas de supposer qu'il ait pu arriver sur les côtes d'Angleterre avant la nuit du 19 au 20.

Les dépêches annonçant la translation de Bonaparte, du *Bellerophon* sur le *Northumberland*, ont été apportées par lord Lowther, qui accompagné de M. Lyltleton, membre du parlement, a eu une conversation de deux heures avec Bonaparte, lorsque les personnes de sa suite qui ne devoient pas l'accompagner l'eurent quitté.

Le Northumberland fit voile de Portsmouth vendredi, découvrit, le dimanche, en approchant de Torbay, deux vaisseaux de ligne, dont l'un étoit *le Bellerophon*, ayant abord Bonaparte, et l'autre *le Tonnant*, sur lequel se trouvoit lord Keith. Peu d'heures après, les vaisseaux mouillèrent devant Torbay.

Le général Bertrand se rendit le premier, à bord du *Tonnant*, où il dîna avec lord Keith et sir George Cockburn. Pendant le dîner, sir George lui fit part de ses instructions relativement à Bonaparte; elle portoient, entr'autres conditions, que ses bagages devoient être visités avant d'être mis à bord du *Northumberland*. Le général Bertrand s'éleva fortement contre la mesure d'envoyer l'empereur à Sainte-Hélène, lorsqu'il désiroit et espéroit pouvoir vivre tranquillement en Angleterre, sous la protection des lois anglaises. Lord Keith et sir George Cockburn n'entrèrent dans aucune discussion à ce sujet.

Les personnes qui ne devoient pas l'accompagner furent envoyées à bord de la frégate *l'Eurotas ;* elles parurent se résigner avec beaucoup de répugnance à cette séparation, surtout les officiers polonais. Bonaparte fit ses adieux à chacune d'elles. Le colonel polonais Pistowski parut, surtout, beaucoup desirer de l'accompagner : cet officier qui avoit reçu 19 blessures au service de Bonaparte, dit qu'il le serviroit de quelque manière que ce fût, même en qualité de domestique, si on vouloit lui permettre de le suivre à Sainte-Hélène. Mais l'ordre de renvoyer les officiers polonais étant prérenptoire, celui-ci fut condnit à bord de *l'Eurotas*, Cependant Savary et Lallemant ne furent pas du nombre de ceux qui passèrent à bord de cette frégate ; ils restèrent à bord du *Bellerophon*.

Lorsque lord Keith et sir George Cockburn se rendirent à bord du *Bellerophon*, Bonaparte étoit sur le pont pour les recevoir, vêtu d'un habit vert, à revers rouges, culotte et bas de soie blancs, ayant la cocarde tricolore à son chapeau, et l'étoile de la légion d'honneur à son habit. Après les salutations d'usage, lord Keith lui annonça qu'il devoit être transféré à bord du *Northumberland*. Bonaparte protesta sur-le-champ avec beaucoup de véhémence contre cet acte du gouvernement britannique, auquel, dit-il, il étoit loin de s'attendre. Lord Keith et lord Cockburn ne lui firent aucune réponse. Un officier anglais qui étoit près de lui, lui fit observer que, s'il n'eut pas été envoyé à Sainte-Hélène, il auroit été livré à l'empereur de Russie.

Dieu me garde des Russes, dit-il, en haussant les épaules et en regardant le général Bertrand.

A quelle heure, lui dit sir G. Cockburn; viendrai-je, demain matin, général, pour vous recevoir à bord du *Northumberland* ?

A dix heures, répondit Bonaparte, en montrant quelque surprise de se voir traiter de général.

Sir George lui ayant demandé s'il désiroit quelque chose de plus, avant de faire voile, Bertrand, qui étoit près de lui avec son épouse, Savary, Lallemant, le comte et la comtesse de Montholon, répondit : vingt paquets de cartes, un jeu de solitaire et un jeu de domino. Madame Bertrand demanda quelques objets d'ameublement.

Lord Keith refusa une seconde entrevue qui lui fut demandée, en alléguant que n'ayant pas d'ordres, et que son sort étant définitivement arrêté, cette entrevue ne pouvoit être satisfaisante.

Il adressa à sir George différentes

questions sur l'île Sainte-Hélène, et lui demanda entr'autres choses, si l'on pouvoit y chasser, et quelle partie de l'île il devoit habiter. Changeant ensuite subitement d'objet, il éclata en invectives contre le gouvernement, mais il ne reçut aucune réponse.

Nous ignorons s'il avoit eu ou non l'intention d'invoquer l'*habeas corpus*; mais il montroit beaucoup d'empressement pour aller à terre.

Il parut ensuite indigné de ce qu'on ne lui donnoit que le titre de général. Vous m'avez, dit-il, envoyé des ambassadeurs comme souverain; vous m'avez reconnu comme premier consul. Il prenoit, en parlant, une grande quantité de tabac.

Le lendemain matin tout son bagage fut envoyé à bord du *Northumberland*; il consistoit en deux services d'argent, plusieurs objets en or, une superbe toilette d'argent; des livres; des lits, etc.

Il avoit amené de France euviron quarante domestiques, au nombre desquels se trouvoient un palfrenier. un postillon et un allumeur de lampes; les deux tiers de ces gens furent envoyés à bord de *l'Eurotas*.

A onze heures et demie, lord Keith se rendit à bord du *Bellerophon* dans la chaloupe du *Tonnant*, pour recevoir Bonaparte et les personnes qui devoient l'accompagner. Il salua, en partant, le capitaine Maitland et les officiers du *Bellerophon*. Lord Keith reçut dans la chaloupe les personnes suivantes, savoir :

Bonaparte,

Le général Bertrand, son épouse et leurs eufans,

Le comte et la comtesse Montholon et leur enfant,

Le comte Lascases,

Le général Gourgaud,

Neuf domestiques mâles et trois femelles,

Le chirurgien de Bonaparte refusa de l'accompagner, celui du *Bellerophon* offrit de remplir sa place.

Savary et Lallemant furent laissés à bord du *Bellerophon.*

Savary paroissoit craindre beaucoup d'être livré au gouvereement français, et déclaroit à chaque instant que l'honneur de l'Angleterre ne permettoit pas qu'on le renvoyât en France.

A midi, la chaloupe du *Tonnant* arriva près du *Northumberland.* Bertrand monta le premier sur le pont; Bonaparte le suivit et grimpa le long du bord avec l'adresse d'un matelot; il fut reçu par les soldats de marine sous les armes, mais comme un simple général. Il salua en ôtant son chapeau. Dès qu'il fùt sur le pont, il dit à sir George Cockburn : » Je suis à vos ordres. » Après avoir pris congé des officiers qui l'avoient accompagné du *Bellerophon*, et embrassé le neveu de Joséphine, qui ne partoit pas pour Sainte-Hélène, il passa dans la grande chambre où se trouvoient lord Keith, sir George Cockburn, etc.

Bertrand dit : » Je n'ai jamais donné mon adhésion à Louis XVIII, il est donc évidemment injuste de me proscrire ; cependant je reviendrai dans un an ou deux pour surveiller l'éducation de mes enfans. »

Madame Bertrand paroissoit extrêmement triste. Elle dit qu'elle avoit été forcée de quitter Paris à la hâte, sans habits et autres objets nécessaires. Elle parla d'une manière très-flatteuse de son mari, dit que l'empereur étoit un trop grand homme pour se laisser abattre par les circonstances, et finit par exprimer le désir d'avoir quelques journaux de Paris.

Bertrand demanda ce que nous aurions fait de Bonaparte, si nous l'eussions pris en mer? Ce que nous en faisons maintenant, fut la réponse.

L'après-midi, lord Keith prit congé de Bonaparte et retourna à bord du *Tonnant.*

Bonaparte conversa longuement avec lord Lowther et M. Lyltleton, et comme il étoit devenu très-communicatif, ces gentlemans lui adressèrent plusieurs questions auxquelles il satisfit pleinement, sur la guerre d'Espagne, sur les décrets de Berlin et de Milan, sur la guerre de Russie, etc.

Sa chambre à bord du *Northumberland* est meublée avec élégance; ses valets de chambre sont de très-beaux hommes : tout ce qui l'entoure lui donne le titre d'empereur.

Le Bellerophon, le Tonnant et *l'Eurotas* sont rentrés à Plymouth mardi dernier. *Le Northumberland* étoit en panne devant Plymouth le même jour, quoique le vent fût favorable mais on suppose qu'il attendoit *le Weymouth*, qui prenoit à bord des munitions qu'il devoit avoir fini d'embarquer le lendemain.

Le Northumberland, après avoir croisé devant Plymouth pour attendre le vaisseau munitionnaire *le Weymouth*, a enfiu fait voile avec un vent favorable.

Le sloop de guerre *le Fly* est arrivé hier de Plymouth sur la rade des Dunes, ayant à bord un des généraux de Bonaparte, que l'on suppose être Savary ou Lallemaut. Ce personnage a été sur-le-champ transféré à bord du brick canonnier *le Sharp-Shooter*, qui a fait voile pour la côte de France afin de le remettre au gouvernement français.

Ce qui suit fait partie d'une conversation qui eut lieu entre Bonaparte et quelques personnes à bord du *Northumberland*.

Il dit en parlant de l'infanterie anglaise : Les longues guerres font les bons soldats. En parlant de la cavalerie : que celle des deux nations est excellente, et que l'artillerie anglaise s'est améliorée en se modelant sur celle de France.

Comme il éclatoit en invectives contre la conduite des alliés, qu'il traitoit d'infâme perfidie, on lui fit observer qu'il étoit à l'île d'Elbe en vertu d'un traité solennel ; qu'on ne l'y avoit point inquiété, et qu'il avoit quitté cette île en violation de ce traité.

J'étois, répliqua Bonaparte, un souverain indépendant, et j'avais le droit de faire la guerre à un autre souverain, et même à Louis XVIII, si je le jugeais à propos.

Il montra beaucoup d'indignation et même de surprise de ce qu'on l'envoyoit à Sainte-Hélène. J'aurois, dit-il, donné ma parole d'honneur de vivre tranquille en Angleterre, et de n'entretenir aucune correspondance politique. Je me serais engagé à ne point quitter le lieu qu'on m'auroit assigné, et à y vivre en simple particulier.

Cela paroît, lui répliqua-t-on, à-peu-près impossible, car, quoique vous ayez éprouvé de grands revers, vous n'auriez jamais pu oublier ce que vous avez été, au point de vous considérer comme un simple individu.

Il parlait du prince régent avec les plus grands éloges, qu'il étoit le seul souverain de l'Europe qui se fût montré conséquent et eût fait preuve de constance et de vigueur.

M. Mulligan, l'un des curieux qui s'étoient rendus de Bath à Plymouth pour voir Bonaparte, s'étant approché assez près du *Bellerophon* pour découvrir que Napoléon s'occupait en ce moment à déchirer des papiers dont il jetait les morceaux à la mer, eut le bonheur de recueillir quelques-uns de ces fragmens que le flot faisoit dériver à sa portée. A son retour à Bath, il les transmit au gouvernement par l'intermédiaire de sir J. Coxe Hippesley. Au nombre de ces pièces se trouvent des fragmens d'une lettre écrite par un Américain à Bonaparte, datée de Paris le 22 juin, et dont il reste assez pour découvrir des choses d'une nature telle qu'il ne seroit pas prudent de les publier dans les circonstances actuelles. On y voit une pétition de quelques officiers mécontens, et une lettre du ci-devant roi Murat au général Drouet, et dont l'objet étoit d'obtenir l'intercession de cet officier en sa faveur auprès de Bonaparte; mais le plus entier de ces fragmens est partie d'une lettre de Bonaparte à Marie-Louise, évidemment écrite immédiatement après sa dernière abdication. Cette pièce paroît être originale et écrite de la main de Napoléon, La voici :

« Madame, ma chère et honorée épouse, n'écoutant de nouveau que l'intérêt de la Frauce, je vais abdiquer le trône ; et, en terminant ma carrière politique, faire commencer le règne de notre cher fils. Ma tendresse pour vous et pour lui ne m'en fait pas moins une loi, que mes devoirs de monarque. Qu'il assure comme empereur le bonheur de la France, et comme fils le bonheur et la gloire de sa mère, mes vœux les plus chers seront accomplis. Cependant, si même dans sa plus tendre enfance ; je pnis lui remettre tous mes pouvoirs en ma qualité de chef de l'état, je ne puis, et il en coûteroit trop à mon cœur, immoler de même les droits inviolables que me donne la nature. »

Enfin, l'on se dirigea vers l'île de

Sainte-Hélène, et l'Europe sera débarrassé à l'avenir d'un usurpateur, qui fit peser sur elle, pendant quinze ans, tous les fléaux qui peuvent affliger l'humanité.

Nous allons citer quelques traits qui prouveront que Bonaparte, dans sa carrière politique se jouoit indistinctement de tout ce que les nations ont de plus sacré dans les relations qui les unit. Voici le récit d'un Anglais qui fut présent à l'entrevue de Bonaparte avec la duchesse de Weimar.

Cette princesse, fille du landgrave de Hesse-Darmstadt, a conservé la noble fierté des anciens Allemands. Lorsque toutes les personnes de sa famille se sauvoient à Brunswick, lorsque la malheureuse issue de la bataille d'Iéna étoit déjà connue, elle osa s'enfermer dans une aile de son château avec ses dames d'honneur, avec son amie miss Gore, M. Osborne, et quelques autres Anglais auxquels elle avoit généreusement offert un asile. Elle et sa petite société, pendant la terrible journée du 14 octobre n'eurent pour toute nourriture, que quelques tablettes de chocolat. Les grands appartemens étoient préparés pour la réception de l'empereur des Français. Déjà, dans la matinée, les infortunés Prussiens commencèrent à se retirer à travers la ville. Le vainqueur les poursuivoit et les massacroit dans la rue; le désordre, le bruit, le pillage remplissoit la ville de terreur. Vers le soir, Bonaparte arrive au château. La duchesse ayant quitté son appartement, se plaça au haut du graud escalier, et reçut Napoléon avec tout le cérémonial convenable. Qui êtes-vous, s'écria-t-il, en reculant. — Je suis la duchesse de Weimar. — Je vous plains, répliqua-t-il, j'écraserai votre mari. Qu'on me fasse dîner dans mes appartemens. Et puis il passa brusquement à côté d'elle. La nuit se passa dans le désordre et le tumulte. La malheureuse duchesse entendoit les cris plaintifs de son peuple, et ne pouvoit le sauver. Cependant, le matin de bonne heure, elle eut la présence d'esprit d'envoyer un de ses chambellans pour s'informer de la santé de S. M. l'empereur, et lui demander une audience. Cette démarche, conforme au cérémonial des cours, fit souvenir Napoléon de sa qualité d'empereur, et de ce qu'en cette qualité il devoit à une souveraine. Il répondit gracieusement, et s'invita à déjeûner chez la duchesse. A peine entré dans l'appartement, il commença avec sa vivacité ordinaire, à questionner la duchesse! Comment votre mari, Madame, a-t-il pu être assez fou pour oser me faire la guerre. — V. M. l'auroit méprisé s'il ne l'eut pas fait, fut la noble réponse de la princesse. — Comment cela ? La duchesse reprit avec lenteur et gravité : mon époux a été au service du roi de Prusse pendant 30 ans environ ; assurément ce n'étoit pas au moment où le roi avoit à lutter contre un ennemi aussi puissant que V. M., que le duc pouvoit avec honneur l'abandonner. Cette réplique admirable, aussi pleine de dignité que d'adresse fit une profonde impression sur Napoléon. Sa mine s'adoucit, et il continua plus tranquillement ses questions. Comment se fait il que le duc s'est attaché au roi de Prusse ? — V. M. saura, en prenant des informations, que les branches cadettes de la maison de Saxe, les ducs ont toujours suivi l'exemple de l'électeur ; or, dans la situation actuelle, des motifs de prudence et de politique ont engagé l'électeur à s'allier avec la Prusse plutôt qu'avec l'Autriche.

La conversation roula encore quelque temps sur le même sujet. Napoléon s'écria : enfin, madame, vous êtes la femme la plus respectable que j'aie connue, vous avez sauvé votre mari ; puis après avoir réitéré ses expressions de respect, il ajouta dans son style insolent : je lui pardonne, mais c'est à cause de vous seulement, car pour lui c'est un mauvais sujet. La princesse ne pouvoit répliquer à ce mot indécent ; en bonne mère, elle se souvint qu'elle étoit entourée d'enfans malheureux pour lesquels il lui convenoit beaucoup mieux d'intercéder ; elle le fit et réussit, car elle obtint du vainqueur qu'il ménagea les habitans de son duché.

Le capitaine Wrigth, qui avoit débarqué le général Moreau sur les côtes de France, fut appelé pour déposer dans le procès ; mais il refusa de répondre aux questions qui lui furent faites. Bonaparte croyoit que le capitaine Wrigth connoissoit des personnes à Paris, qui étoient en correspondance avec le gouvernement anglais. En conséquence, après le procès de Moreau, on appliqua le capitaine Wrigth aux tortures les plus cruelles, telles que de lui serrer les pouces, de lui frotter la plante des pieds de lard, et d'y appliquer ensuite des plaques de cuivre rougies au feu. Ensuite ils lui coupèrent un bras, puis une jambe, et lui dirent qu'il étoit à présent hors d'état de retourner dans sa patrie, mais que le gouvernement français auroit soin de lui, s'il vouloit réveler tout ce qu'il savoit. A cela, il répondit, « qu'il se regarderoit comme rébelle à son Dieu et à son Roi, s'il avoit la moindre communication avec des êtres capables de se conduire comme ils avoient fait. » Peu après, il fut étranglé, et le corps fut enlevé du temple, au milieu de la nuit.

Quelque temps après son arrivée à l'île d'Elbe, Bonaparte signala sa souveraineté par le trait suivant.

La pêche du thon avoit été, jusqu'à son arrivée, affermée à un riche Génois, qui, pour faciliter son commerce, avoit fait bâtir une maison à Porto-Ferrajo; mais comme cette maison gênoit Bonaparte dans ses projets d'embélissement, il la fit jeter à bas, sans autre forme de procès, et sans vouloir seulement en parler au propriétaire; celui-ci poussa les hauts cris, et s'éleva fortement contre l'injustice de ce procédé. Alors l'empereur lui fit savoir que, malgré le bail qui existoit, son intention étoit d'affermer de nouveau la pêche au plus offrant, et qu'il vouloit avoir vingt mille francs de plus qu'elle ne rapportoit par an. Le malheureux entrepreneur fut si effrayé qu'il fit dire à l'empereur, qu'il payeroit tout ce qu'il voudroit, et qu'il ne seroi plus question de la maison abattue. Napoléon se laissa pourtant attendrir, lui rabattit quelque chose des vingt mille francs, et le Génois éleva jusqu'aux nues la générosité impériale.

Après la bataille de Wagram, à la vue des morts qui couvroient la terre, il dit froidement : *voilà une grande consommation*. Puis il ajouta : qu'on me nettoie cela promptement.

Quand la révolution éclata, Bonaparte étoit sous-lieutenant. On rapporte qu'il fut d'abord incertain sur le parti qu'il suivroit. *Si j'avois été général*, a-t-il dit depuis à ses amis, *j'aurois embrassé le parti de la cour; sous-lieutenant j'ai dû embrasser celui de la révolution.*

Le lendemain de la journée de Preuss-Eylau, Bonaparte voulut parcourir le champ de bataille. Il faisoit un froid glacial. Des blessés respiroient encore ; la foule des cadavres et les cavités noirâtres que le sang des hommes avoit creusées dans la neige, faisoient un affreux contraste. L'état-major étoit péniblement affecté ; le prince seul contemploit froidement cette scène de dueil et de sang. On eut dit qu'il étoit alors détaché de toutes les affections humaines ; que tout ce qui l'environnoit n'existoit point pour lui. Il parloit tranquillement des manœuvres de la veille. En passant devant un groupe de grenadiers russes massacrés, le cheval d'un aide-de-camp eut peur, le prince s'en aperçut. « Ce cheval, dit-il froidement, est » un lâche. »

Environ un an après que le général Lecourbe eut été exilé, son frère, juge de la cour criminelle, et qui n'avoit pas voté pour le supplice de Moreau, alla un jour au lever de Bonaparte, pour solliciter le rappel de son frère, ne s'imaginant pas que S. M. put garder si long-temps du ressentiment contre un brave officier. Mais dès que le tyran l'aperçut, il courut à lui comme un tigre, et sans s'informer du sujet qui l'amenoit, vociféra ces mots en présence de tous ses courtisans et du corps diplomatique : « Comment osez-vous, *juge prévaricateur*, venir ici souiller mon palais par votre présence? Sortez de suite, ou je vous F... par la croisée, » accompagnant ce discours de juremens que la décence ne permet pas de répéter.

Immédiatement après la bataille d'Austerlitz, Bonaparte demanda une entrevue à ses deux frères impériaux, François et Alexandre; le dernier s'en excusa; mais le premier ne put pas refuser. Lorsqu'il fut introduit à Bonaparte, celui-ci lui adressa le langage suivant :

« J'attends de vous *mon frère*, que vous *signiez* sur-le-champ un armistice. Je me F... de mon frère Alexandre; il peut faire un arrangement avec moi, s'il le veut, mais cela m'est égal ; je me moque de lui et de ses cosaques, et si vous ne faites pas ce que je désire, je vais expédier sur-le-champ un courrier à Vienne, avec l'ordre de raser cette ville; je sais fort bien que l'intention de mon frère Alexandre est de m'attaquer demain, mais que m'importe. Vainqueur ou vaincu, je m'en vais donner les ordres d'exécuter ce que je viens de vous dire, non-seulement pour Vienne, mais pour toutes les villes de vos Etats où se trouvent mes armées. »

Bonaparte portoit une inimitié personnelle et très-grande au feu duc de Brunswick. Ce général malheureux et trahi se retira à Altona, ayant perdu les yeux. A l'article de la mort, il envoya vers Bonaparte, lui demanda d'être enterré dans sa capitale, dans la tombe de ses ancêtres. Bonaparte répondit verbalement au porteur de cette demande : » *Je ne veux plus avoir à faire avec lui ; il peut garder son or et ses bijoux !* Réponse bien digne d'un voleur.

Voici un exemple de la manière dont Bonaparte faisoit servir à ses vues les circonstances produites par les différentes révolutions en Europe, par lesquelles les individus de toutes les nations qui se sont réfugiés en France, sont obligés de se soumettre à ses volontés, et de devenir, sans le savoir, les instrumens de ses desseins.

Avant qu'il ne quittât Paris pour se mettre à la tête de son armée, il étoit si sûr du succès, et d'être le maître de pénétrer en Pologne, qu'il ordonna à F*** d'envoyer chercher Kosciusko, et de lui demander de l'accompagner, lui Bonaparte, en Pologne. Le général parut, en conséquence, devant le ministre, et reçut de lui les assurances sans fin et l'estime de Bonaparte; mais Kociusko refusa l'honneur qui lui étoit offert, donnant pour excuse, d'abord ses infirmités, ce qui étoit très-vrai, et ajoutant qu'il avoit été accoutumé à ses compatriotes comme républicain, et que, conséquemment, il ne pouvoit paroître à présent à la suite d'une *tête couronnée*.

Cependant Bonaparte, au mépris de cette représentation générale, fit une proclamation incendiaire, datée du premier novembre 1806, qui excitoit les Polonais à secouer le joug de la Prusse, et les invitoit à se rallier sous ses drapeaux.

Cette proclamation parut plusieurs jours après l'armistice conclue entre la France et la Prusse, et étoit signée Kosciusko. Quel fut l'étonnement du brave vétéran de la liberté, lorsqu'il vit dans tous les journaux la proclamation ci-dessus. Il se rendit en toute hâte à Paris, et alla dans les bureaux des journalistes, déclarer qu'il n'avoit jamais quitté son asile près de Fontainebleau, et qu'il n'avoit jamais signé de proclamation. Il demanda qu'on insérât un article à cet effet; mais les éditeurs lui dirent qu'ils avoient reçu la proclamation de monsieur Maret, secrétaire d'État, et qu'ainsi ils ne pouvoient accueillir sa demande.

La conduite de l'amiral Bruix qui commandoit la flotte de Boulogne, fut à-peu-près la même, à l'égard de

Bonaparte. Il y avoit différence d'opinion, au sujet de quelque opération navale entre l'amiral et le tyran qui se servit de termes très-injurieux. Bruix répondit avec courage, et Bonaparte riposta par un coup de poing à la figure. A cette insulte l'amiral tira son épée, et la lui eût passée à travers du corps, s'il n'en eût été empêché par les officiers qui étoient présens. Cette querelle eut lieu sur la plage de Boulogne, et plusieurs personnes en furent témoins, Bruix arracha ses épaulettes et les foula aux pieds, ainsi que sa croix; il donna sa démission de la place d'amiral et de conseiller d'état. Il mourut peu après, sans doute, par le poison. Les agens de Bonaparte firent courir le bruit qu'il étoit mort du chagrin d'avoir reçu cette insulte; mais cela ne sauroit être vrai. Il avoit fait tout ce qu'un homme d'honneur pouvoit faire,

Nous terminerons cet ouvrage par la réflexion suivante ; que l'ambition, tôt ou tard, conduit l'homme à sa perte. Puisse Bonaparte, pénétré de cette maxime, réfléchir dans la nouvelle retraite, que la clémence des puissances de l'Europe lui a accordée, que tout homme parvenu au suprême pouvoir, ne doit s'en servir que pour le bonheur des peuples, et non pour les opprimer.

FIN.

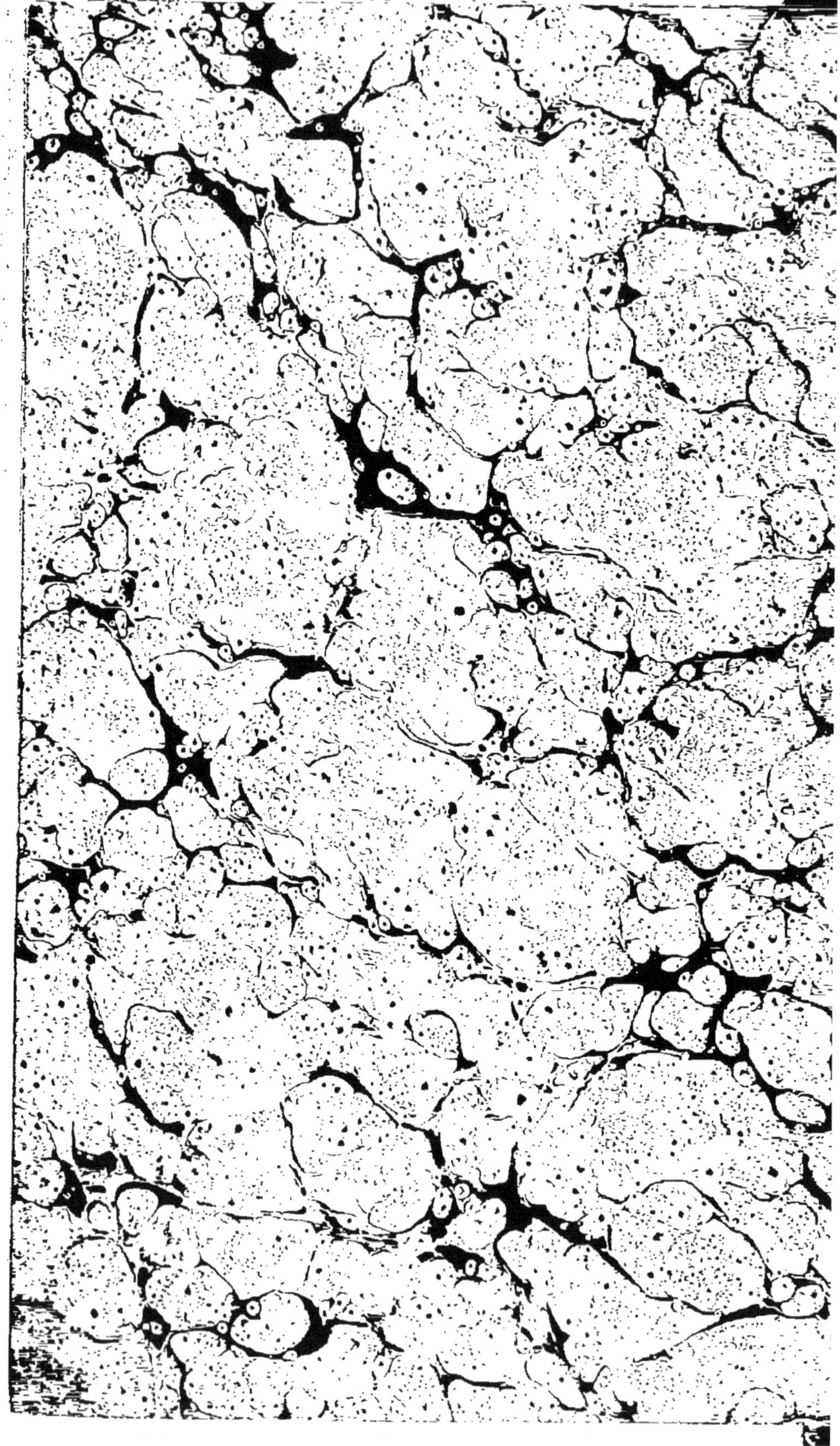

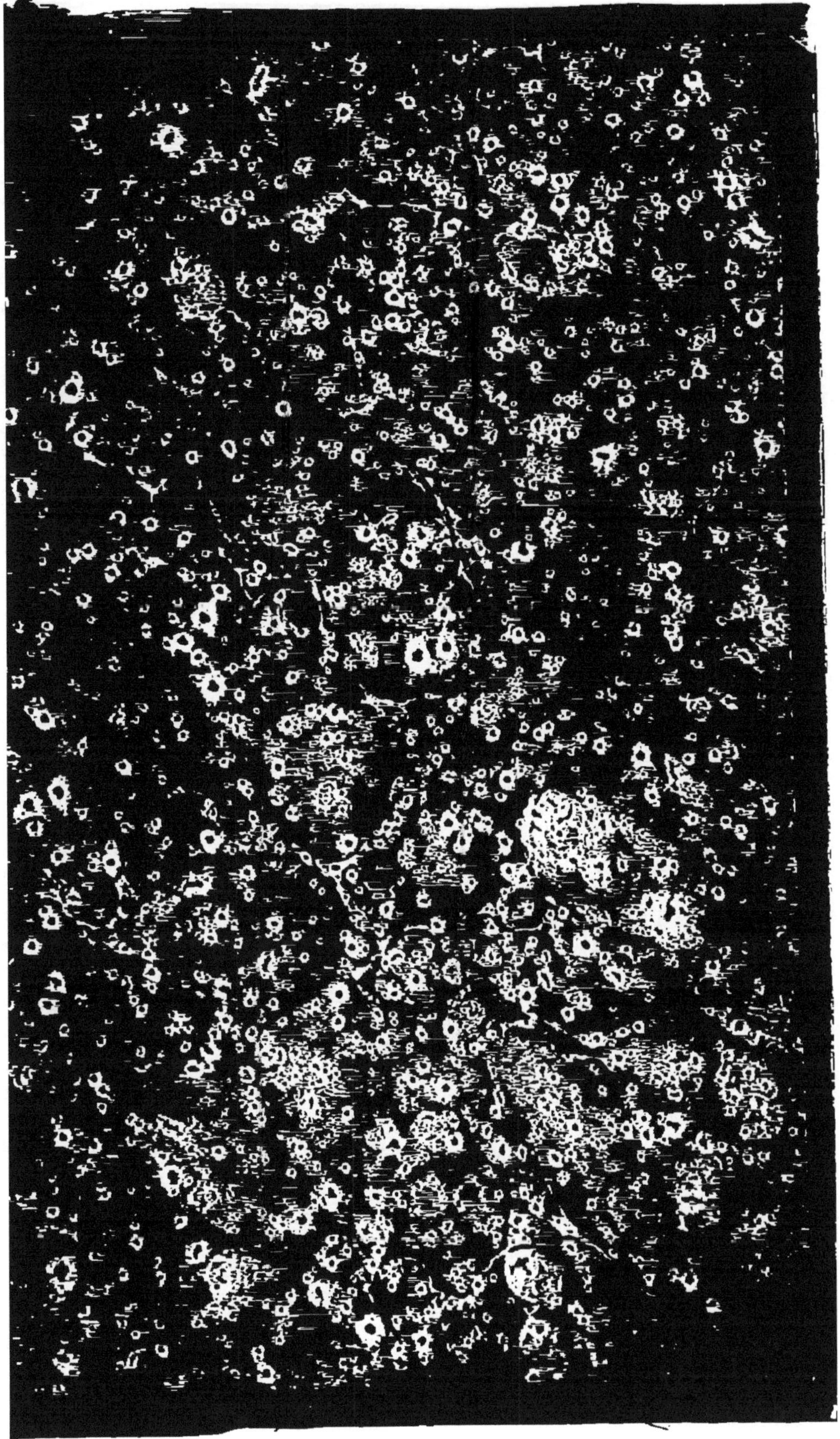

BIBLIOTHEQUE NATIONALE DE FRANCE
3 7531 04147516 2

www.ingramcontent.com/pod-product-compliance
Ingram Content Group UK Ltd.
Pitfield, Milton Keynes, MK11 3LW, UK
UKHW021050200726
13857UKWH00003B/881

9 782013 363181